Sexuelle Liebe heute

Das Gefährt der Götter

Frank Reinoss

Sexuelle Liebe heute

Das Gefährt der Götter

Frank Reinoss

FSC
www.fsc.org
MIX
Papier aus ver-
antwortungsvollen
Quellen
Paper from
responsible sources
FSC® C105338

Bibliografische Information der Deutschen Nationalbibliothek:
Die Deutsche Nationalbibliothek verzeichnet diese Publikation
in der Deutschen Nationalbibliografie; detaillierte bibliografische Daten sind im Internet über http://dnb.dnb.de abrufbar.

Titelbild: Fabienne Reinoss
Lektorat und Layout: Kirsten Benien

Herstellung & Verlag: BoD™ –
Books on Demand GmbH, Norderstedt
Printed in Germany
ISBN: 978-3-735-78240-3

Inhaltsverzeichnis

Vorwort

Liebe Leserinnen, liebe Leser,

viel wurde bereits zu diesem Thema geschrieben. Warum nun ein weiteres Buch? Weil nicht jedes Buch zu jedem Menschen passt, aber auch, weil sexuelle Liebe so umfassend und vielschichtig ist, dass sich gerade in dieser Zeit wieder ein neuer Blickwinkel ergibt. Das vorliegende Buch ist kein Lehrbuch einer neuen Sextechnik und auch kein pornografischer Roman. Hier werden die persönlichen Erfahrungen von Frank und mir beschrieben. In verständlichen Worten wird auch der Blick auf die, aus der normalen Art unserer körperlichen Liebe resultierenden, Handlungen und Folgen geworfen. Es werden Zusammenhänge sichtbar gemacht und erklärt, die sich der angepassten Sicht der durchschnittlichen, gesellschaftlichen Denkweise entziehen.

Dieses Buch möchte idealerweise zu einem Selbstversuch in natürlicher Liebe anregen. Das Entstehen einer körperlichen Liebe, so wie sie vielleicht einmal von der Natur ursprünglich angelegt wurde, aber durch unsere Kultur in Vergessenheit geriet, kannst du hier nachlesen. Frank und ich versuchen die Gedankengänge und ungewöhnlichen Zusammenhänge nachvollziehbar darzustellen, wohl wissend, dass letztlich nur das eigene Erleben für vollständiges Verstehen sorgen kann. Es ist ein wenig wie in dem Märchen „Des Kaisers neue Kleider". Die Weber weben ein Gewebe an dessen Existenz anstandshalber alle glauben. Erst das Kind hebt den Schleier mit seinem Ausruf: „Der ist ja nackt!" Wir beide schlüpfen hier einmal für dich in die Rolle des Kindes. Nichts scheint, wie es ist!

Bei mir hat das Erleben der natürlichen Liebe tiefste Akzeptanz meiner Selbst und ein Ankommen in meinem Körper ermöglicht. Nach 40 Jahren des Gefühls nicht in Ordnung zu sein, kann ich nun tatsächlich fühlen, schon immer vollkommen in Ordnung gewesen zu sein. Und ebenso einen wunderbaren Körper zu haben, der mich zu jeder Zeit nachhaltig geschützt hat und es auch weiterhin tut, ganz egal, was andere Menschen oder ich selbst davon denken. Das ist Heilung und ein wahres Wunder in meinem Leben.

Ich hoffe, dass du am Ende der Lektüre meinen folgenden Wunsch teilen kannst: Jedem Menschen wünsche ich die Erfahrung der natürlichen Liebe, dieses Gefühl des Lieben und Geliebtseins, nicht nur im Herzen, sondern in seiner ganzen Existenz. Allerdings haben wohl die weiblichen Menschen kulturbedingt einen größeren Nachholbedarf an dieser Stelle.

Im Tarot gibt es die Karte Lust/Kraft. Dort ist eine Frau auf einem Löwen reitend abgebildet. Die Bedeutung der Karte ist das Zähmen der mächtigen und starken Kraft des Löwen in uns. Der Löwe versinnbildlicht dabei unsere triebhafte und animalische Natur. Es gilt diese Kraft zu transformieren, aber nicht zu unterdrücken. Der Löwe ist so stark, dass er sich eine Unterdrückung nicht gefallen lässt, sich frei davon machen wird und dann eigene Wege geht. Wenn der Löwe, die Lust, aber darauf vertrauen kann, zu gegebener Zeit die Erlaubnis zu bekommen, seine volle Kraft zu entfalten, so besteht keinerlei Notwendigkeit zum ruhelosen an den Gitterstäben Herumlaufen oder einem überraschenden Ausbruch. Dann kann der Löwe sich auch einmal in Frieden Schlafen legen.

Die natürliche Liebe erlaubt dem Löwen, der Lust in uns, bis zur Befriedigung in Freude zu laufen. Er wird nicht getrieben und künstlich müde gemacht, sondern darf sich frei an seiner Kraft freuen, bis er natürlichen Frieden findet.

Die Zusammenarbeit mit Frank an diesem Buch hat mir ganz besondere Freude gemacht. Ich bin dankbar, dass er mir die Möglichkeit gegeben hat, mich in dieses Buch einzubringen. Ich bewundere seine Fähigkeit, meine einfach erzählten Erfahrungen so treffend in Worte zu fassen und meine weibliche Sicht mit seiner feinen, präzisen Art zu verarbeiten. Es ist jedes Mal ein Spaß mit ihm um die Worte und Inhalte zu ringen, sich auseinanderzusetzen und solange zu feilen bis meine Erfahrungen in seinen Worten fließend in den Text integriert sind.

Nun wünsche ich viel Freude bei dem Eintauchen mit Herz und Verstand in den Abdruck der natürlichen Liebe.

Kirsten

Einleitung

Welches zentrale Thema des menschlichen Lebens hat für so viel Berührung gesorgt, wie das der sexuellen Liebe in unseren Beziehungen? Welches Thema hat gleichsam so viel Schönes und Zauberhaftes befreit wie auch tiefe Schäden und Neurosen hinterlassen, mit denen wir dann größtenteils vollkommen allein fertig werden dürfen? Die sexuelle Liebe ist ein ganz zentraler Zugang zum menschlichen Sein, weil sie in jedem Leben Bestandteil ist. Selbst wenn Askese oder Enthaltsamkeit gelebt werden, ist sie genauso fester Bestandteil dieser Welten.

Was liegt also näher, als an diesem zentralen Punkt des Menschen Erfahrungen zu beschreiben, die jeder als Hoffnung in sich trägt, die aber leider fast nie ganz erlebt werden? In einer Reihe von Büchern zum Thema handelt es sich hier um das leibliche Erleben von Menschen, die ihre Gefühle, ihren Weg und die unglaublichen Erlebnisse hautnah öffnen. Die Sprache ist dabei einfach, zugänglich und ohne Schnörkel. Nicht nur ich selbst als Querdenker, sondern auch meine Königin, mit der ich diese Inhalte leiblich erlebe, erzählen aus dem Herzen für dich. Damit wird eine Sicht vermittelt, die in den meisten Werken nicht enthalten und erwünscht ist.

Ganzheit ist hier das Thema und findet sich in der natürlichen Liebe der Erlebenden wieder. Lass dich davon berühren, verzaubern und fass es an, wie der ungläubige Thomas in der Bibel. Nur tatsächlich Erlebende können so einen Abdruck liefern, denn der Verstand bleibt ohne Erfahrung an vielen Stellen leer und hohl.

Genau, wie sich die Genitale gegenseitig füllen, ganz ausfüllen wollen, darf der Verstand als sprachloser Zuschauer dem Erleben beiwohnen. Kein Ego, welches unterdrückt und in Funktion gebracht werden muss. Kein Fahrplan, der pingelig genau einzuhalten ist, damit der Samenerguss besonders weit spritzt. Kein Erleben, das der Königin den besten Orgasmus ihres Lebens besorgt. Es ist einfach nur natürliche Liebe, die hier anfassbar gemacht vor dir liegt. Sie fließt über, frei und goldig klar, wie die warme Mittagssonne, wenn du dich entspannt in ihr badest.

Wie bereits der Titel vermuten lässt wird es in diesem Buch um sexuelle Liebe gehen und das tief darin verborgene Geheimnis, welches wir scheinbar vergessen und unzugänglich unter unseren Müllbergen vergraben haben. Dabei handelt es sich um Hausmüll, also um selbst gemachte Inhalte, die nicht der Wirklichkeit entsprechen. Du wirst in diesem Buch einen ganz neuen, anderen, ja fast unglaublichen Blick auf diese tiefe Erfahrung werfen und damit Informationen und Inhalte berühren, die deine Wirklichkeit verändern.

Ich werde in diesem Buch den eigenen Begriff *natürliche Liebe* oder nur *Liebe* verwenden, weil Sexualität zwar vollständig darin enthalten, aber nicht ein getrennter Bestandteil dieses Erlebens ist.

Warum dann der Titel, wirst du dich vielleicht fragen? Sex sells, wie man auf Neudeutsch sagt. Dieses Buch ist eine Art persönliche Essenz zu diesem Thema und steht damit in einer Reihe von Werken anderer Autoren, die mich teilweise durchaus berühren.

Neben Wilhelm Reich und seiner genitalen Liebe, weise ich auch auf die Werke von Barry Long, sowie Jürgen Fischer hin, deren Inhalte mir wertvoll, aber nicht immer vollständig nah waren.

So bleibt das individuelle Erleben in mir natürlich untrennbar einzigartig und fordert mich seit Wochen dazu auf, dieses Buch überfließen zu lassen.

Ich will weder empfehlen noch missionieren, denn das kann ich nicht. Ich schildere Erleben der natürlichen Liebe bis ins Detail und verschenke dir einen ganz anderen Blick darauf. In der äußeren Form bleibt kein Thema unberührt.

Warum spreche ich vom Göttergefährt? Menschen haben eine tief verankerte Sehnsucht, bereits in diesem Leben in einer scheinbar zerrissenen Welt Frieden zu finden. Sie verschieben diesen Wunsch nach Frieden oft ins Jenseits, damit sie mit den schwierigen Bedingungen dieses verrückten Daseins zurechtkommen. Die natürliche Liebe ist ein regelrechtes Gefährt, um die Wirklichkeit hinter den sichtbaren Dingen bewusst zu machen.

Unsere Entwicklung zu einem gereiften, ganzen Menschen ist damit bereits jetzt und heute möglich. Du kannst darauf fliegen und fahren, wie in Filmen das Beamen oder der Feuerwagen in der Bibel. Wir würden doch im 21. Jahrhundert nicht zwanghaft zu Fuß gehen, wenn entsprechende Verkehrsmittel zur Verfügung stehen. Mit der natürlichen Liebe ist es ähnlich. Sie ist die umfassende Möglichkeit, in einer individuellen Form zum Himmel zu reisen, die Götter zu besuchen.

Wenn wir von Europa nach Australien wollten, würden wir wohl heute auch nicht auf die Idee kommen, in den nächsten Fluss zu springen um irgendwie dort hinzugelangen.

Die uns bekannte Form der Sexualität ist dabei so tief in unserem Bewusstsein verankert, dass Generationen von Menschen tiefe Probleme mit diesem Thema haben und diese gleichfalls weiter vererben. Schaut man heute Fernsehen oder macht womöglich nur die nächste Internet-Seite auf, um die E-Mails zu checken, begegnet einem diese Art der Sexualität an jeder Ecke.

Diese neurotische, also nach Definition erkrankte Form der Liebe, hat sich ausgebreitet und lässt uns glauben, wir müssten das Thema in uns nur immer weiter entwickeln, es füttern, damit es weiter wachsen kann. Dann würden wir Frieden finden.

Wie mir ein alter Geschäftsfreund anvertraute: „Es wird immer schwieriger, den Kick zur Befriedigung zu finden und einen Samenerguss oder Orgasmus zu bekommen". Das sagte er mit Anfang 40 und seine Möglichkeiten der Expansion dieses Bereiches waren damals bereits ziemlich ausgeschöpft.

Ich möchte eine eigene, kindliche Definition der Neurose ausformen. Wir erfinden eine *Neue-Rose*, die vollkommen künstlich und virtuell die eigentliche Wirklichkeit hinter der Liebe ersetzt. Wie bei den meisten von uns künstlich imitierten Inhalten bleibt es auch hier problematisch. Diese Neue-Rose erblüht leider niemals ganz zur vollen Schönheit. Wir werden gemeinsam die Inhalte der natürlichen Liebe kennen und fühlen lernen und dabei unbekannte Seiten in uns entdecken.

Es geht hier weder um Tantra, Kundalini noch andere spannende Inhalte. Es dreht sich lediglich um die schönste Sache der Welt – die natürliche Liebe.

Für wen wurde dieses Buch denn nun geschrieben? Für Mann, Frau oder Spezialisten in diesem Gebiet, für diejenigen, die bereits am Ende sind und etwas Neues suchen? Dieses Buch wurde genau für dich geschrieben, ob du jung oder alt, Mann oder Frau, heterosexuell oder gleichgeschlechtlich veranlagt bist, spielt dabei keine Rolle.

Was hätte ich dafür gegeben, so ein Praxisbuch vor meinen ersten Erlebnissen mit sexueller Liebe zu besitzen, so einen Schatz bei mir zu haben. Doch Literatur in dieser Qualität war mir damals als Jugendlicher leider nicht zugänglich. Das ändert sich jetzt und du kannst daran teilhaben, wenn du dich traust.

Wie es dazu kam

Eine kurze Einführung und Vorgeschichte zu den Rahmenbedingungen und meinem Gemütszustand beim Schreiben ist unerlässlich. Wir haben bis hierher einen verregneten Sommer 2014, meine bessere Hälfte, mit der ich die natürliche Liebe erlebe, verweilt nicht zuletzt aus formalen Gründen bei einer Kur. Ich habe vorweg ca. 6 Monate gefastet, 40 Kilogramm abgenommen und bin vom Vollmond in die Phase eines Neubeginns gerutscht.

Ich möchte nicht zu viel Autobiografisches schreiben, da ich für diese Fragen bereits andere Bücher veröffentlicht habe. Fasten bedeutet dabei, einfach nichts zu essen. Zusätzlich habe ich ein ansehnliches Haus gegen eine zauberhafte Wohnung getauscht, mich von allen äußeren Abhängigkeiten befreit und mich so bereit gemacht, auf das Wesentliche beschränkt, an diesem Buch zu arbeiten. Du findest das befremdlich?

Für einen strukturierten Menschen, der sein Leben in einer Harmonie zwischen den Polen fixieren möchte, mag das so sein. Für mich ist es pure Lebendigkeit, die durch mich hindurch sichtbar wird. Die wesentlichen Themen eines Lebens, die Lebensaufgaben, die uns angeblich so wichtig erscheinen, werden oft absichtlich von den ach so schweren Fragen des Seins überschattet. Mein Haus, mein Auto, meine Pferde, meine Pferdepflegerinnen... so die altbekannte Werbung dazu.

Erkennt man diese Berge von Hausmüll über dem eigenen Sein, wird einem schon beim Betrachten ganz anders.

Wir mühen uns also lebenslänglich redlich darum, irgendwelche wichtigen Ziele zu erreichen, um an bestimmten Stellen unweigerlich zu erkennen, dass unsere Sehnsucht nach Frieden im Sein nicht eintritt, geschweige denn nachhaltig wird.

Ich habe in meinem Leben alle diese Inhalte gelebt, ja erfolgreich gelebt, sie ausgekostet, bis sie leer gesaugt vor mir lagen und ich nichts mehr hatte, wonach ich suchen konnte, wonach ich süchtig war. Als dies geschah, hielten Erlebnisse in meinem Leben Einzug, die mich vollständig Fühlen und Sein ließen und die so anders waren, dass ich es bis heute manchmal nicht glauben kann.

Bereits 2009 lernte ich meine jetzige Königin kennen, die mich im Bereich der sexuellen Liebe von der ersten Sekunde an faszinierte. Dieses Gefühl war so überwältigend, dass ich es nicht fassen konnte. Ich zitterte am ganzen Leib, mein stabiler Körper zeigte komische Reaktionen und die mir verliehene Omnipotenz war so überfordert, dass ich die Welt der sexuellen Liebe ganz neu erfahren musste.

Es dauerte dann noch 5 Jahre, bis ich die Inhalte beschreiben, ordnen und damit weiter verschenken konnte. Damals war es nur überwältigend, unglaublich und anders, wir nannten es alternativlos, mehr nicht. Der geile Priester, also ein sexuell motivierter Mensch in den Archetypen der Psychologie, erlebte die Umkehr aller ihm bekannten Parameter. Du wirst hier auch sehr viel über die Physiologie erfahren, also die körperlichen Umstände bis ins Detail. Ich schreibe dabei, wie mir der Schnabel gewachsen ist. Die Gelehrten mögen lachen oder weinen, ich schreibe für alle Menschen.

Was war denn nun so einzigartig an dieser Liebe? Ich lebte seit über 20 Jahren mit ein und derselben sehr attraktiven Frau zusammen, hatte im Durchschnitt sicher mehr als einmal pro Tag sexuelle Liebe genossen und geriet mit über 40 Jahren in das, was man wohl gemeinhin eine Midlife-Crisis nennt. Beruflich erfolgreich mit einer tollen Frau und zwei fast erwachsenen Kindern lebte ich ein Bilderbuchleben eines Lichtjägers, der nur das Gute wollte und natürlich nur das Gute erlebte.

2009 tauchte *SIE* dann auf, eine von TB (totaler Blockade) befallene Venus-Geborene mit einem komplizierten Leben und vielen ungelösten Fragen, dabei intelligent und mit einer heftigen Ausstrahlung versehen, hilfebedürftig und offen wie ein Buch. Kurz gesagt, das Ideal für ein sexuell geprägtes Gegenüber, welches helfen, heilen und erleben möchte. Auch zu diesem Erleben wurde bereits einiges veröffentlicht, sodass ich mir ausschweifende Details erspare.

Wir kannten uns damals bereits 12 Jahre und berührten uns vollkommen aus dem Nichts überraschend heftig. Bei unserem Zusammensein zeigte sich ein Zauber, der Inhalt dieses Buches sein wird. Dieser Zauber zeigte sich bereits bei der ersten leiblichen Berührung und vertieft sich bis heute unaufhaltsam. Er lässt uns die natürliche Liebe vollständig erleben.

Dabei mischen sich in diesem Buch Sachthemen zum Verständnis der Inhalte mit dem persönlichen Erfahren. Du kannst darin fast komplett eintauchen, wenn du es möchtest und verträgst. Dieses Eintauchen ermöglicht dir, im wahrsten Sinne des Wortes, einen Abdruck aufzunehmen.

Ich oder vielmehr wir können dir dabei nicht empfehlen, dieses Gefährt der Götter zu nutzen, wir berichten nur davon. Sollte es dein Thema sein, kommt es sowieso zu dir und wenn nicht, ist es genauso in Ordnung. Eine Wertung des Inhaltes als besser oder schlechter, oder gar als gut oder böse wird nicht enthalten sein.

Ich formuliere das Erleben als abseits der Masse, anders aber auch als verschleißfrei und gleichfalls äußerst anstrengend. Du wirst in diesem Buch immer wieder Paradoxe erleben, so etwa wie beim stundenlangen ineinander Eindringen, in dem ein Orgasmus auch ohne jegliche Bewegung möglich ist.

Begriffe

Es ist mir wichtig, eine ganz eigene Sprache zu nutzen, wobei Begriffe teilweise auch von anderen Menschen übernommen werden, weil diese einfach passend sind.

Für den Begriff sexuelle Liebe nutze ich den Begriff *natürliche Liebe* oder nur *Liebe*, weil eine Abspaltung einzelner Bestandteile davon nicht mehr möglich ist. Es handelt sich um *ein ganzes Erleben*, nicht um Teilaspekte.

Für Eindringen oder ineinander Eindringen nehme ich das Wort *Einstöpseln*, weil es so banal klingt und bereits alles Wesentliche beinhaltet. Eindringen hat bereits so etwas Zielgerichtetes, vielleicht sogar Gewalttätiges und trifft es heute einfach für meinen Teil nicht mehr. Es stammt aus dem Patriarchat und ist überholt.

Für Liebe machen, zusammen schlafen, Sexualität, Körperei, wie eine Freundin dazu sagt oder wie du es auch immer nennen magst, setze ich die *Vereinigung von Menschen*. Ich unterscheide dabei weder in Mann und Frau noch in Einzahl oder Mehrzahl. Wir werden später allerdings noch gemeinsam erleben, wie diese Art der Vereinigung automatisch zu den alten Werten wie Treue, Hingabe und sogar Monogamie führt, sozusagen vollkommen natürlich, aus sich selbst heraus.

Damit erzeugt die natürliche Liebe sogar eine gewisse konservative Linie, die mich selbst sehr überraschte.

Ich komme aus einem freikirchlichen Elternhaus und das Erkennen solcher Werte wie Treue bei gleichzeitiger Freiheit, befreiter Liebe bei gleichzeitigem Verkleben oder auch höchstem leiblichem Genuss bei gleichzeitigem tiefem Frieden erscheinen für unsere Erfahrung schon etwas eigenartig.

Für die vollständige körperliche Erfahrung verwende ich *leibliches Erleben*, was für mich viel weiter geht als die körperliche Befriedigung, der Orgasmus oder ein Samenerguss. Es umfasst alle uns möglichen Inhalte.

Natürliche Liebe

Die ersten Erfahrungen mit der natürlichen Liebe waren so überwältigend, dass ich sie kaum in Worte gießen kann. Ich schreibe es deshalb so, wie es mir möglich ist. Es zitterte mich, ich wackelte am ganzen Körper, wenn ich mit der Königin zusammen war. Dies galt schon damals bei den ersten Annäherungen körperlicher Art, aber auch im reinen Zusammensein.

Wenn wir uns in ihrem Büro am Schreibtisch gegenüber saßen und an den Händen hielten, dann zitterte der ganze Körper aus sich selbst heraus, wie bei den Shimmies des Bauchtanzes, der viel von diesem Gefühl enthält. Es waren damals unbewusste, eigendynamische Bewegungen des Körpers aufgrund der hohen Energiedichte im Zusammensein. Oder weniger überbaut – wenn wir zusammen waren, waren nur noch wir, sonst Nichts! Ich würde sagen, wir konnten kaum Stehen oder Gehen in diesem Zustand und deshalb lagen wir in der Folgezeit sicherheitshalber häufiger beieinander.

Wir kannten es vorher nicht und in vielen Gesprächen bestätigten uns Menschen, diesen Zustand ebenso wenig zu kennen. In einer anderen Betrachtung entsteht bei dieser Art des Zusammenseins oder vielmehr der Vereinigung von Menschen ein eigenes Feld. Dieses Feld besteht in reiner Form aus weißem Licht und legt sich wie eine natürliche Ei-Form um die Liebenden.

Genauso war es vom ersten Moment an und hat sich bis heute immer weiter vertieft und ausgedehnt. Dieses Feld von weißem Licht, diese reine Energie der natürlichen Liebe, umhüllt die Menschen und beinhaltet bereits alles, was zum Leben benötigt wird.

Wärme, Frieden, aber auch Sexualität, Berührung und Heilung sind auf den drei bekannten Ebenen von Körper, Seele und Geist als Ein-Erleben enthalten.

Das leibliche Erfahren ist dabei so umfassend, dass der Verstand oder der Geschichten-Erzähler überfordert ist. Er verstummt vollständig oder besser, er findet echten Frieden. Die ersten Kommentare der Königin – so hatte ich es mir immer vorgestellt, so hätte es schon beim allerersten Mal sein sollen, nur es war so noch niemals zuvor.

Tatsächlich kommunizierten wir zwischendurch, wenn wir wieder zu Atem kamen, über die Dinge und stellten fest, dass unsere tiefste Sehnsucht schon als Jugendliche in der Pubertät so gewesen ist. Nur fanden wir diese Art der Liebe damals nirgends, und als wir nun in der Lebensmitte die Suche für diesen Teil ernüchtert aufgaben, fand sie uns. Die ersten echten körperlichen Erfahrungen waren allerdings von allerlei Erscheinungen überschattet. Ich beschreibe hier nun bereits früh im Buch einige Hindernisse und Inhalte bei Mann und Frau, die weit verbreitet sind und von der natürlichen Liebe vollständig geheilt werden. Dabei sind die Beschreibungen durchaus subjektiv, aber der Weg bis zur Heilung ist nachvollziehbar.

Angst

Wie wir bereits vom berühmt gewordenen Gedicht aus der Antrittsrede von Nelson Mandela wissen, ist unsere größte Angst wohl die vor uns selbst und unseren Möglichkeiten. So kann man auch in unserem leiblichen Erleben in der Rückschau sagen, dass dieses unglaubliche Gefühl der Vereinigung, des Eins-Seins, alternativlos bezaubernd wie auch vollkommen erschreckend und unklar erschien.

Wenn solche Gefühle in uns stattfinden, wenn unsere Körper in ganz eigener Regie reagieren und sich dem Zugriff des Verstandes radikal entziehen, was ist dann noch wichtig und real? Mein Haus, mein Auto meine Pferde... und Ähnliches werden zumindest im Bruchteil einer Sekunde in diesem Erleben zu Staub.

Die Motivationen für den strukturierten Alltag verabschieden sich wie weiße Wölkchen am Himmel und wenn das jeder erleben würde, dann wäre von unserem sicheren, gesellschaftlichen Leben der organisierten Langeweile wohl nichts mehr übrig. Anarchie, Verfall der Sitten, der Untergang des Abendlandes wie die Alten zu sagen pflegten, wären vorprogrammiert.

Und genauso ist es auch. Diese Art der natürlichen Liebe und ihr leibliches Erleben stellen alle uns bekannten Werte in Frage, und wenn das keine Angst macht, was dann noch? So ging es uns in Teilen auch. Meine Königin hat einen sensiblen, offenen Körper, der solche Fragen gerne in eigener Regie verarbeitet und mir flogen die alltäglichen Dinge ebenso um die Ohren.

In der Anfangszeit der natürlichen Liebe meldete ihr Körper täglich Fehler im System. Insbesondere ihre altbekannten Blasen-Entzündungen meldeten sich heftig zurück und machten den freien Genuss schwierig. Da ich einige Möglichkeiten besitze, solche Fehlermeldungen mit anderen Denkwelten zu betrachten, näherten wir uns schnell und konkret an. Wir kommen bereits an eine ungeheuer wichtige Stelle.

Die Angst vor der tief bemusterten, männlichen, drängenden Energie wurde in ihrem Körper sichtbar. Alte Wunden und Verletzungen aus einer frühen Zeit von Beziehung zeigten sich noch einmal. Das alles war in dieser Liebe nicht enthalten, wurde aber im Rahmen der Heilung noch einmal deutlich fühlbar. Die Angst vor Unterwerfung, Macht und grober Energie äußert sich insbesondere bei der Frau in Verspannungen des gesamten Leibes. Bei sensibel veranlagten Menschen reicht das soweit, dass eine Erkrankung mit deutlichen Schmerzen ausgeprägt wird.

Sucht man mit solchen Symptomen einen Schulmediziner auf, empfiehlt der einem meistens Antibiotika, viel Flüssigkeit zu trinken sowie Wärme und Ruhe, um die Nieren-Becken-Blasen-Entzündung wieder auszukurieren. Beschäftigt man sich tiefer mit dieser Frage, findet sich als mechanistische Ursache das sogenannte Urogenital-Syndrom, welches durch Veränderung der Körperspannungen im Unterleib unerträgliche Schmerzen verursachen kann. Hält man sich an die vom Arzt verordnete Ruhe, viel Trinken, Wärme und nimmt Antibiotika ein, verschwinden die Symptome bereits nach ca. drei Tagen, um bei der Berührung dieser Stelle oft in Rhythmen wieder aufzutreten.

Wir alle werden in der Angst vereinfacht über den konditionierten Kortisolspiegel im Körper gesteuert. Ist dieser einmal festgelegt und bereits durch Erlebnisse aus Kindheit, Jugend und Leben mit Mustern verknüpft, werden Situationen immer wieder in einer ähnlichen Form erlebt. Die moderne Medizin nennt das dann in diesem Fall eine chronische, also wiederkehrende Erkrankung.

Werden also Erlebnisse traumatischer Art durch einen Impuls berührt, lösen sie eine Kette an Reaktionen und Symptomen aus. Natürlich könntest du auch den gleichen Zeitraum ein Feuerzeug in deine Hosentasche tun, Wärme zuführen und auf Berühren der Auslöser wie beispielsweise Sexualität verzichten. Dein Urogenitalsystem würde sich beruhigen, aber damit wäre in der Medizin kein Geld zu verdienen. Das nur am Rande. Heilung ist etwas anderes.

Alle Stellen, die durch Verletzungen und unverarbeitetes Erleben blockiert sind, werden von der natürlichen Liebe berührt und einem individuellen Heilungsvorgang zugeführt. Das heißt ganz praktisch, dass je nach Veranlagung und Füllungsgrad des Lebensrucksacks erst einmal Bearbeitungen stattfinden, um den Blick für die Wirklichkeit der Liebe freizumachen. Auch ich hatte meinen Teil damit zu tun, sei es ein Knie zu kurieren oder tiefste Aufarbeitungen in meinem Sein zu erleben.

Dieser Teil ist im subjektiven Erleben weder erfreulich noch schön, doch Heilung geschieht in der natürlichen Liebe auf ganz eigene, individuelle Art. Bei bewusstem Arbeiten an den Inhalten empfinde ich eine Zeitspanne von bis zu 7 Jahren oder einem Lebenszyklus als angemessen für eine gänzliche Heilung und Befreiung.

Dies sind Erfahrungswerte bei durchaus hohen Belastungen. Zu den Hilfen und unterstützenden Maßnahmen werde ich später noch konkreter berichten. Denn die Hilfsmittel sind sehr unterschiedlich, nicht alle führen einen in die Heilung. Uns führte diese Vereinigung jedenfalls zum kontinuierlichen *Ganz-Werden* auf die für uns individuell vorgesehene Art und Weise.

Bei mir waren es auch so etwas wie dysfunktionale Erektionsstörungen für ca. drei Monate, die der Königin die Ruhe zur Heilung ermöglichten. Meine Potenz war dadurch vorübergehend so entschärft, dass meine Liebste ihre Aufgaben in ganz eigener Geschwindigkeit verarbeiten konnte. So griffen Symptome und Erlebnisse in weicher Form ineinander, im Nachhinein ist das Bild grandios. Das Gegenüber ist wie eine Art vollständige, präzise Spiegelfunktion veranlagt.

Heilung

Aber wieso Heilung? Das subjektive Erleben des menschlichen Lebens ist von Fehlern und Ungenügend-Sein geprägt und immer wieder reichen wir einfach nicht aus. Wir haben Ziele auf der Uhr und wenn wir diese nach größter Anstrengung erreichen, ist oft noch nicht einmal die Zeit gegeben, diesen Moment des Friedens zu genießen. Immer muss es mehr, größer, weiter und besser sein, denn Stillstand bedeutet Rückschritt. Die größte Angst des Menschen in der westlichen Welt, neben dem Tod und der Demenz als Form der Auflösung, ist die vor Erkrankungen. Unsere Volkskrankheit Krebs ist dieses perfide Gegenstück zu dem, was wir uns wünschen. Unaufhaltsames, fast unkontrolliertes Wachstum in allen Lebensbereichen. Wachstum für immer, was auch immer das bedeuten soll. Der Krebs zeigt uns plastisch, was so ein Wachstum für uns Menschen bedeutet. Es gefährdet unser Sein, es zerstört uns!

Die natürliche Liebe mit ihrem Feld aus weißem Licht ist ein vollkommen anderer Entwurf. Hier geht es dauerhaft nicht um Mehr, sondern um Ganz. Es geht nicht um den Moment einer Befriedigung sondern um nachhaltigen Frieden und es geht nicht um Wertung, sondern um gänzliche Akzeptanz des Seins.

Da ich mit mehr als hundert alternativen Methoden vertraut bin, viele Inhalte leiblich erlebt habe, kann ich heute sagen, dass es am Ende immer um gänzliche Akzeptanz geht. Nicht mein Streben nach Licht und Gutem, nicht meine endlose Suche nach mehr, besser, weiter haben mich erfüllt, sondern Akzeptanz des Augenblicks, egal, wie er sich gerade zeigt.

Hier vor allem die gänzliche Akzeptanz meines Seins und der Respekt vor dem Gegenüber. Das bedeutet Heilung und Befreiung auf einer anderen Ebene, kein Gipfelerleben eines süßen Todes im Orgasmus, sondern das lange, bewusste Talerleben einer lebendigen Vereinigung im Hier und Jetzt.

Damit bekommt die natürliche Liebe von Menschen einen ganz anderen, komplett neuen Sinninhalt: Nicht nur Vergnügen, Befriedigung oder Fortpflanzung, sondern ein Weg zurück zu unserer Bestimmung. Es ist bereits heute die Erfahrung von Ganzheit im menschlichen Sein.

Das Königsbild

Es ist im Einstieg von großer Bedeutung, den Vorgang der körperlichen Vereinigung überhaupt zu erfassen. Zwei Individuen, also zwei in dieser Materie unteilbare Wesen vereinigen sich freiwillig zu *einem Ganzen*. Sie machen eine Erfahrung, die auf dieser Welt sonst kaum möglich ist. Natürlich kannst du auch einen Baum umarmen oder Nahtoderfahrungen machen, aber in unserer Welt der Gegensätze oder Polaritäten ist dieses genitale Erleben immer Thema.

Auch ein Natursuchender wird körperliche Liebe leben und Impulse dazu verspüren, denn sie sind natürlich. Ich betrachte die Vereinigung in der natürlichen Liebe als Abbild eines Zustandes jenseits der Materie und damit nicht von dieser Welt.

Platon beschreibt diese Liebe in seiner Geschichte vom Kugelmenschen im berühmten „Gastmahl". Einst beschlossen die Götter, einen Kugelmenschen höherer Leistungsfähigkeit zu schaffen, dessen Genitale dauerhaft vereinigt sind – klingt übrigens für mich richtig gut und ich empfehle uneingeschränkte Praxisversuche dazu.

Als die Götter die Wirkungen dieses Experimentes sahen, bekamen sie Angst, weil der Kugelmensch in dieser Konstellation über sie selbst hinausragte.

Die Götter fürchteten sich vor dieser Konkurrenz und trennten den Kugelmenschen in zwei Teile. Sie verdrehten die Köpfe, sodass während der Vereinigung keine anderen Tätigkeiten möglich sind – wenn die wüssten!

Und das Folgende ist unser normales Erleben der Vereinigung: Zwei getrennte Wesen machen Sex aus Gründen von Fortpflanzung oder blanker Lust und das so oft und geil wie eben möglich. Alles ist erlaubt, Hauptsache, der Samen fließt über und schafft Erleichterung.

Bei der natürlichen Liebe betrachten sich die Partner als Königskinder, die in großer Achtsamkeit (8-Samen) eine Vereinigung zelebrieren. Die Gefühle sind so intensiv, die Körper so offen und die Liebe so groß, dass jede kleine Falte am Gegenüber wahrgenommen und gleichsam bereits geliebt ist. Ein unvorstellbarer Vorgang.

Erinnere dich an das Lied von Pur, in dem er seiner Prinzessin in vollkommener Liebe beim Schlafen zusieht. Genauso ist das Gegenüber als vollkommener Partner in der natürlichen Liebe wahrgenommen, es ist die Wahrheit dieses Erlebens. Nichts könnte an dem Anderen schöner oder besser sein, er ist perfekt für mich und diese Vereinigung gemacht. Warum ist das so wichtig?

Das Königsbild macht die Vereinigung von Menschen zu einem heiligen Vorgang, etwas weitaus anderem, als nur Fortpflanzung im technischen Sinne oder geile Befriedigung. Die Einstellung des Mannes zur Frau im Patriarchat ist leider ganz bewusst von Macht und Besitz geprägt. Er will die Frau erobern, sie durchbohren, mit seinem harten Schwanz in sie eindringen, sie penetrieren und sich an der Mischung aus Abreagieren und biologischer Entladung ergötzen. Er spritzt sie an, er markiert sie, er unterwirft sie. Genauso! Er erschafft sich einen anbetungswürdigen Ersatz, einen Götzen, für diesen eigentlich fast heiligen Akt der Vereinigung.

Eng ist geil, hart ist geil und wenn eng und hart zusammenkommen, ist es richtig geil. Und wenn es einmal nicht reicht, Viagra macht es möglich. Eben noch ein Tablettchen rein und schon kann er sie oder was auch immer durchbohren. Dabei ist das gesamt Erleben der Sexualität überwiegend Kopfkino und damit nicht einmal in diesem Augenblick real. Porno rein oder heute gleich streamen, bisschen schauen, solange man es eben aushält, eindringen, bisschen quieken, fertig. Ist ungefähr so praktisch wie eine Minuten-Mahlzeit, leider nur genauso leer. Kenne ich übrigens durchaus alles.

Jungs, habt ihr schon einmal gehört, dass vor euch eine Königin ist, genau vor eurer Nase, die euch in ihre heiligen Gemächer einlädt, die euch liebt und heilt, die euch wiegt und hält, euch mehr als die Welt schenken kann? Und Mädels, hier geht es nicht um geil ficken, angemacht werden und fachgerechte mechanistische Verführung, sondern ebenso um einen heiligen Vorgang! Wisst ihr eigentlich, dass euer Gegenüber weit mehr bei euch lässt, als ein paar lästige Körperflüssigkeiten? Ihr hinterlasst euch gegenseitig einen Abdruck eures gesamten Erlebens bis zu diesem Augenblick, wie ein Super-USB-Stick voller verwirrender Informationen! Wie ein natürlicher Datenträger aus Fleisch und Haut, der eine Übertragung ermöglicht. Habt ihr schon einmal überlegt, was das in euch macht?

Sollte es einmal ganz schlimm kommen, müssen eben Eierstöcke oder Gebärmutter heraus, braucht in der heutigen technischen Welt eh kein Mensch! „Am Freitag haben wir noch einen Vormittagstermin auf dem OP-Plan frei und raus damit. Sie brauchen das mit über 40 Jahren sowieso nicht mehr und schwanger können Sie dann auch nicht mehr werden!"

Dir dreht es gerade den Magen um? Entschuldigung und herzlich willkommen in der Wirklichkeit – und du fragst dich, warum der Sex nicht mehr so geil ist und du nur noch erigierst, wenn du deiner ehemals Liebsten beim Partnertausch zuschaust!

Wir brauchen Königskinder, die miteinander Vereinigung erleben, wir brauchen Achtsamkeit (unendlichen Samen), der unsere Göttlichkeit sichtbar werden lässt. Wir brauchen es dringend und bald, damit geändertes Erleben Wirklichkeit werden kann. Aber wie komme ich zu diesem Erleben, fragst du? Ich kann so nicht fühlen. Ja, warum teilt ihr das Bett mit einem Menschen, für den ihr nicht so fühlt, frage ich einfach zurück?

Habt ihr diesen Zauber jemals verspürt oder gibt es ganz andere Gründe, warum ihr das Leben teilt. Ist es praktisch und funktional oder ist es bezaubernd und mystisch? Hattest du diese Sehnsucht als Jugendlicher und im Erleben den Eindruck gewonnen, dass was du fühlst, gibt es sowieso nicht? Wenn wir Königskinder wären, hätten wir auch diese Probleme nicht, höre ich bereits die Antwort. Dann bräuchten wir uns um Alltägliches nicht zu kümmern und hätten Zeit für so etwas. Diese und andere Täuschungen unserer Welt basieren auf ganz einfachen Verdrehungen.

Wir schaffen unser Leben lang für Dinge, die uns schon kurz nach ihrem Eintritt mehr belasten, als erfreuen. Wir vertagen das Paradies des Christentums in eine imaginäre Zukunft, damit wir hier im schrecklichen Sein funktionieren können. Habt ihr schon einmal gemerkt, dass unsere Autos immer besser funktionieren, nur wir Menschen zunehmend nicht mehr?

Wann gibt es endlich eine DIN-Verordnung für das Menschsein, damit von der Wiege bis zur Bahre alles glatt läuft?

Jetzt ist der Augenblick gekommen, diese königliche Vereinigung zu zelebrieren. *Jetzt* ist der Moment gekommen, dein Gegenüber zu fühlen und nicht in einer fernen, niemals eintretenden Zukunft. Ihr seid königliche Kinder, die eine so tiefe Sehnsucht nach Vereinigung, nach natürlicher Liebe haben, dass alle Hindernisse davon überwunden werden können.

Und er erkannte sein Weib, steht in der guten alten Bibel. Suche gefälligst nach deinem königlichen Partner und lebe natürliche Liebe, damit endlich Frieden wird in dir und auch auf Erden!

Genital – genial

Die genitale Liebe des Wilhelm Reich enthält ebenso alle Beschreibungen zum Thema, nur aus einem anderen Blickwinkel. Wenn die menschlichen Genitale sich zu einem verschmelzen, wenn der geweihte Tempel der Geschlechtsorgane sich öffnet, erlebst du etwas jenseits dieser Welt. Dabei geht es nicht um Technik oder Stellung, keinen Tantra-Kurs und keine von der westlichen Welt veränderten pornografischen Inhalte, sondern um die achtsame Vereinigung der Genitale. Was ist denn nun an dieser Vereinigung so besonders?

Bei der natürlichen Liebe sind alle bekannten Parameter wie umgedreht. Das Gegenüber nimmt so viel Raum ein, dass kein Platz für Fantasien und Gedankenspiele bleibt. Du bist dabei automatisch im Hier und Jetzt und gleichzeitig jenseits jeglichen Zeitempfindens. Wenn ihr einstöpselt, wenn die Genitalien sich zu einem Ganzen vereinigen, verschwimmt die normale Wahrnehmung. Die Bedingungen dieser Welt verblassen fast vollständig!

Physiologisch erfahren wir dabei ganz neue Bedingungen. Die Körper regeln das fast von allein. Die männliche Erektion ist weich, biegsam und doch vollständig. Der Schwanz kann in ganz anderen Winkeln frei einstöpseln und man selbst ist dabei entspannt. Vom ersten Moment des Einstöpselns an entsteht ein Zauber, ein Feld, ein einzigartiges Gefühl. Es sammelt sich genau so viel Blut im Schwanz, dass dieser zu voller Größe wächst, aber trotzdem weich und biegsam bleibt. Dabei werden auch genug körpereigene Gleitmittel erzeugt, damit die vollkommene Verbindung entsteht.

Ist es nämlich nass, geht Intensität verloren, ist es zu trocken, fehlt die Möglichkeit einer angenehmen, frei gleitenden Bewegung. Ich springe jetzt öfter einmal zwischen *ich* und *wir*, weil ich mich nicht entscheiden kann.

Wir empfehlen immer wieder praktisch unerigiert einzustöpseln. Das geht wesentlich besser, als vermutet. Hat der Schwanz erst einmal Kontakt zur weichen Scheide aufgenommen, regelt er den Rest in eigener Dynamik. In diesem Teil des Einstöpselns gibt es fast nichts Schöneres, als die Entwicklung des Schwanzes an seinem natürlichen, heiligen Ort der Vereinigung zu spüren. Dies gilt für sie wie für ihn. Die Gefühle sind so intensiv, dass sie einen schreien oder besser singen lassen. Dieser Gesang der natürlichen Liebe befreit den Hals, normalerweise eine Engstelle im Energiesystem.

Am Anfang ist dieser manchmal etwas gereizt von dem Gesang der Liebe, er wird im Erleben aber zunehmend freier. Alles, was ein Mensch über die Umstände von sexueller Liebe gelernt hat, darf hier im Laufe der Entwicklung über mehrere Jahre wieder vollständig aufgegeben werden.

Du erinnerst dich: Man verwöhnt sich gegenseitig durch Streicheln oder oral an den einschlägigen Körperstellen, den sogenannten erogenen Zonen, und wenn man dieses Vorspiel lange genug und mit echtem Bemühen betreibt, kann eben bei Einsetzen einer nachhaltigen Erregung heftig ins feuchte Loch der Wonne eingedrungen werden. Danach noch einige gute Stellungen mit komplizierten Namen und wenn das ohne Verknotung klappt, wird es wohl auch etwas mit dem kurzen Gipfelorgasmus.

Ein kurzer Schrei und dann bloß schauen, dass mein Gegenüber auch noch schnell kommt. Denn wenn nicht, wird die Wartezeit darauf das vorherige Schöne aufbrauchen, vielleicht sogar ins Gegenteil verkehren. Das kannst du alles vergessen.

Was ich hier ungelenk, weil in meinem Bewusstsein kaum noch vorhanden, beschreibe, wirkt wie die Bedienungsanleitung eines komplizierten, mechanischen Gegenstandes. Es geht darum, zum vereinbarten Ziel eines möglichst gleichzeitigen Orgasmus zu gelangen. Wir lernen als Erstes, das Ziel an sich infrage zu stellen. Was wäre, wenn ein Orgasmus dieser Art hinter dem einfachen Erleben eines lang anhaltenden, samenergussfreien Einstöpselns zurückbleiben würde? Was wäre, wenn ein Samenerguss oder Orgasmus nicht zum Ende oder zur Unterbrechung einer Vereinigung führt, sondern nur eine Erscheinung dieses lebendigen Aktes ist? Was wäre, wenn alles, was du oder vielmehr dein Verstand darüber zu wissen glauben schlichtweg falsch und dazu noch bewusst falsch ist? Viele Fragen, denen wir uns langsam nähern wollen.

Bevor wir konkreter dazu kommen, noch einige Bemerkungen über den weiblichen Anteil, der uns Männern immer etwas suspekt bleibt. Frauen können schließlich gebären und außerdem sieht man von außen gar nicht so genau, was da genital alles ist. Das Erleben einer normalen Frau in der Pubertät ist ziemlich anstrengend, so die Königin. Sie hat genauso Lust, ihren Körper zu erkunden und Erfahrungen zu machen, wie die Jungs auch. Allerdings ohne das konkrete Ziel des Orgasmus. Sie liebt es ebenso, sich genital zu streicheln, wenn dieser Teil nicht durch Erziehung bereits verdreht wurde.

Spätestens mit der Menstruation werden dann die gesamten vorbelasteten Erfahrungen von den Müttern mehr oder weniger subtil weiter gegeben. Die Beeinflussung ist so gravierend und nachhaltig, dass ein natürliches Erleben nicht mehr möglich ist.

Oft haben Frauen oder Mädchen innerlich ein sehr gutes und natürliches Körperempfinden, entwerten dieses aber in der Pubertät. Kaum eine Frau findet ihren Körper schön. Es scheint, als dürfte das nicht sein. Bei den ersten Erfahrungen treffen sie dann auch noch auf diese überschießende, stark drängende Energie des männlichen Gegenübers, der sie förmlich überrollt. Da sind so viel Energie und Power angestaut, so viele Vorstellungen enthalten, so viele Wünsche im Kopf, dass die weiblichen Anteile oft regelrecht platt gemacht werden.

Außerdem sind die sozialen Rahmenbedingungen durch Räumlichkeiten, Einflussnahme der Erwachsenen und Angst vor drohender Schwangerschaft immer noch so eingeschränkt, dass beide Erlebenden nicht frei in diese Erfahrung gehen. Schon beim ersten Mal, also bei der Öffnung des Tempels, handelt es sich nicht um Königskinder, sondern um Räuber und Rabauken, die ihren tierischen Trieb der Fortpflanzung befriedigen müssen.

Das Muster des Recht-Machens wird in den weiblichen Familienlinien häufig so weit vererbt, dass es bis heute als eine Aufgabe gesehen wird, dem Mann auch in dieser Hinsicht zu gefallen.

Oder einfach gesagt – die eigenen, natürlichen Bedürfnisse werden unterdrückt. Es bleibt zunächst kein Raum, diese bewusst zu erleben.

Physiologisch führt die Unterdrückung bei der Frau dazu, dass der Unterleib nicht etwa frei und offen, sondern verkrampft und angespannt ist. Nicht nur, dass dies oft immer noch als schmerzhaft aber *normal* erlebt wird, nein, der Mann erlebt seine Rolle auch schon in einer bestimmten Prägung und findet das dann auch noch geil. Es gilt das Motto: Hauptsache eindringen und abspritzen. Dies findet zwar technisch in der Scheide der Frau statt, aber außer einem zwanghaften Bemühen um die weibliche Klitoris bleibt das Verständnis für den Vorgang doch in den Grundzügen hängen.

Der Mann ist dabei stark und potent, die Frau gefügig und folgsam. Der Mann bekommt oft schnell einen Orgasmus, die Frau möglicherweise gar nicht. In der Kommunikation geht es dann so: Noch einen Moment, stöhnen, schreien... ohhhh, ich spritze gleich in dich rein... dann Ruhe, einen Moment halten, rausziehen, fertig und sie sagt... es war auch ohne Orgasmus ganz schön und er liegt nach seinem Tagewerk zufrieden auf dem Rücken. Auch gut.

Lässt der Eros als Antreiber dann auch noch nach, oder erleben die Liebenden in der Sexualität immer ähnliche Muster, entsteht in beiden das Bild dieser einen Wirklichkeit. Ein Porno zeigt meistens nichts anderes, nur noch etwas ausgeschmückt oder pervertiert.

So entsteht über dieses anfängliche Erleben die Wirklichkeit der Sexualität verbunden mit den vielen Details von Wettbewerb, Vergleich und Versagen. Ich kann öfter, weiter, härter, doller. Ich kann es mit mehreren, mehrere Stunden, in Hundert Stellungen usw. . Als wenn das an dem relativ leeren Vorgang etwas ändern würde.

Diese Art der sexuellen Liebe, und ich unterstelle immer noch Liebe als Basis, die oft gar nicht gefühlt wird, führt zu einer raschen Abnutzung des Effektes eines Orgasmus.

Der Kopf erfindet immer neue Geschichten und wenn wir einmal ehrlich sind, könnten wir es uns mit guten Vorlagen der Pornografie auch gleich selbst machen, denn viel mehr ist es nicht. Der Partner wird langweilig, wie ein in die Jahre gekommenes Auto. Er wird zu einem Gegenstand, dessen Wirkung auf uns in Gleichgültigkeit gipfelt und mit dem wir keine Befriedigung mehr erlangen.

In der körperlichen Ebene führt dies zu Abstoßung, Schließung, Verkrampfung und zu unangenehmen, reibenden Zuständen. Wenigstens ist der Orgasmus in vielen Beziehungen ein zuverlässiger Begleiter. Entweder, weil man so wenig sexuelle Liebe macht, dass es einmal in 4 Wochen nur noch 5 Minuten zum Orgasmus benötigt, oder eben, weil gar keine Sexualität mehr stattfindet. Das ist dann ja auch eine sichere Gewohnheit.

Aber es gibt doch heute überall viele schöne, erotische Liebesgeschichten, höre ich die Menschen sagen. Ich sehe sie meistens nicht. Ich sehe dafür genau an dieser Stelle die tiefe Sehnsucht der Beteiligten, die Erfüllung der natürlichen Liebe doch noch zu finden.

Geht diese Sehnsucht den Bach runter, kenne ich viele ältere Frauen, die ein gut strukturiertes, geordnetes Leben mit Freundeskreis usw. führen, in denen sexuelle Liebe ausgeklammert bleibt.

Natürlich gibt es auch viele tote Beziehungen, die ohne greifbares Leben oft krampfhaft aufrechterhalten werden. Ob eine Wiederbelebung überhaupt noch als Wunsch enthalten ist, bleibt doch sehr fraglich.

Zusammenfassend ist zu sagen, dass die krampfartigen Zustände normaler Sexualität beidseits zwar zum Orgasmus führen können, letztlich aber kurz und unbefriedigend bleiben. Sie können sogar schmerzhaft, unangenehm und abstoßend empfunden werden.

Beischlaf der anderen Art

Ein Abdruck

Ich schildere hier eine typische Erlebensform der natürlichen Liebe, die viel von der Weichheit und Andersartigkeit spüren lässt.

Oft war es in der Mittagszeit, dass wir die Liebe einfach fließen ließen. Wieder einmal ohne jegliches Getue zogen wir uns gemächlich aus und legten uns nackt aufs Bett. Schon dieser Vorgang ist gleichsam vollkommen banal und doch von großer Tiefe, weil wir uns ohne Erregung aber in großer Freude zeigen. Wir räkeln uns dann gemütlich auf dem Bett, bis nichts mehr das Erleben stört. Die Königin liegt entspannt auf dem Rücken, den Kopf sanft auf ein paar Kissen gebettet, die Beine ganz weit und entspannt auseinander und ich habe einen freien Blick auf ihre herrliche Scham. Sie wirkt auf mich groß, kräftig, lebendig und wie ein weibliches Spiegelbild meiner Selbst.

Bereits bei der bloßen Betrachtung entsteht Genuss ohne jegliche Erregung. Es ist nur Freude in diesen Momenten. Der Schwanz ist dabei leicht erigiert, groß, aber in allen Lagen biegsam und weich. In diesem Zustand ist der Schwanz unglaublich sensibel. Jede Nuance kann wahrgenommen werden.

Sie knetet ihn entspannt im Liegen noch liebevoll und dann stöpseln wir langsam ein. Bereits bei der Annäherung der Genitale fließt die Energie wie ein warmer, weicher Schwall durch die Körper und Wonne und Wohlbefinden breiten sich kugelförmig aus der Mitte aus.

Ich liege oft seitlich in ihr, habe dann ebenso ein Kissen unter dem Kopf und betrachte die Königin in allen Details, so wie sie mich. Es ist ein Hochgenuss. Jeder dieser Momente ist intensiv und warm wie die Sonne auf der Haut, es fließt einfach.

Bewegungen finden in dieser Form des Einstöpseln nicht mehr statt. Der Schwanz findet seine natürliche Heimat und regelt den Rest in eigener Dynamik. Es ist eine Dynamik, die auch ohne Bewegung rein energetisch stark spürbar ist. Ich betrachte ihre herrlichen Brüste mit den großen Brustwarzen, die ihren ganzen Busen sanft und fließend wirken lassen. Die prallen festen Hüften, die einige Spuren des Erlebens tragen und mich so betören, diesen Bauch, der pure Weiblichkeit vermittelt und mich so berührt, wie ich es zuvor noch niemals erlebte. Alles an meiner Königin ist schön, so schön, dass ich den Blick nicht von ihr lassen möchte.

In dieser Position decken wir uns etwas zu, damit wir Geborgenheit und Wärme spüren und die Energie sich ausbreiten kann. Es ist dann oft so, dass wir nach einer halben Stunde sanft davonschweben, uns aus dem Bewusstsein dieser Welt verabschieden. Wir hängen Träumen und Impulsen nach, die uns sanft durchfließen.

Die Welle des Lebendigen fließt wie ein warmer Fluss in der Abendsonne durch uns hindurch und wir berühren die Traumwelt, die Heilung und Verarbeitung enthält. Dabei werden die Genitale nicht bewegt, sie verbinden sich miteinander und sind nur noch als kugelförmige Energie zu spüren, nur schön. Geilheit oder Gedanken im klassischen Sinne haben keinen Raum und entstehen dann auch meistens nicht.

Wir sind frei. Jeder für sich und doch ganz verbunden, unteilbare Menschen und doch Eins. Eine Erfahrung, die viele suchen und wenige dauerhaft erleben können.

Es gibt dabei keine Anstrengung, kein Bemühen, sondern nur Hingabe. Die Dynamik im Schwanz regelt dann auch die Erektion in vollkommener Eigenregie. Im Verlauf fühlt man manchmal kurze Momente der Veränderung. Wir haben auch schon öfter nachgeschaut, wie die Erektion ausgeprägt ist. Es fühlt sich manchmal weich und wenig erigiert an, dabei ist der Schwanz prall und groß. Das Erleben bleibt mystisch. Bewegungen finden nur in Form von kleinen, unwillkürlichen Lageveränderungen statt, sonst nicht. Es ist auch schon vorgekommen, dass man in die Schlafgrenze hineingleitet. Das führt in der Wahrnehmung aber nur dazu, dass die Energie noch umfangreicher und schöner fließen kann.

Manchmal verbringen wir so Stunden ineinander. Die Zeit verfliegt gerade bei dieser Art der natürlichen Liebe so schnell bzw. das Zeitgefühl verdampft, dass wir uns jenseits dieser Welt befinden. Diese Art der Vereinigung ist wiederum frei von einem Orgasmus oder jeglichem Zwang, irgendetwas zu tun. Wenn du dieses Gefühl ganz erleben darfst, begreifst du in einem Moment unmittelbar leiblich, was Frieden und Liebe bedeuten. Es ist die Aufhebung der Polarität in Verbindung mit vollständigem Sein. Nichts könnte in diesen Momenten anders oder gar besser sein, nichts an dieser Welt wirkt störend oder unklar. Frieden breitet sich aus und kann im Rahmen des menschlich Möglichen erfahren werden. Meistens kehrt unsere Wahrnehmung erst nach Stunden zurück an diesen Ort, in dieses Bett, das für uns zu einem eigenen Lebensraum geworden ist.

Beim Erwachen ist der gleiche Zauber zu spüren, wie zu Beginn des Einstöpselns. Das königliche Gegenüber ist mit allen Teilen des Seins geliebt, vollständig geborgen und dieser Schutz macht auch das Ankommen zu einer sanften und schönen Erfahrung. Am Ende gleiten wir ruhig auseinander, genießen auch diesen Augenblick in großer Achtsamkeit und freuen uns über diese Erfahrung. Wir danken dem Himmel, dass wir diese Erfüllung unserer Sehnsucht ganz erleben dürfen.

Danach fließt die Energie manchmal den ganzen Tag goldig strahlend durch den Körper. Sie breitet sich über Hände, Füße, Ohren und auch über die Hülle hinaus aus und befreit das, was Menschen ihr Leben lang suchen: Liebe.

Liebe ist die gänzliche Abwesenheit von Angst und genau das ist der Zustand, der unmittelbar bleibt. Bis hierher hat uns die natürliche Liebe getragen und wir empfehlen gerade diesen Teil allen, denn die darin enthaltene Erfahrung ist so besonders und anders, dass unsere Bedürfnisse zur Ruhe gelangen. Diese Liebe heilt uns auf jeder Ebene und gibt uns das Leben in seinen echten Ausprägungen wieder vollständig zurück.

Zwei Grundsatzfragen

Für Mann und Frau bleiben in meiner Wahrnehmung insbesondere zwei Grundsatzfragen existenziell wichtig.

Er hat von den ersten Gefühlen bis ins hohe Alter das Problem, dass er nicht frei einstöpseln darf und sie hat bis in die zweite Lebenshälfte das Problem schwanger werden zu können. Dies sind zwei scheinbar ganz banale, aber dennoch nachhaltige Punkte, die ich etwas genauer betrachten möchte. Sie sind wichtig, um uns als Königskinder wahrnehmen zu können.

Der drängende Junge erfährt, dass seine natürliche Anlage zur Vereinigung zurückgewiesen wird. Er hat ja kein Gegenüber, mit dem er diese Gefühle wirklich teilen kann. Dieser Drang und das Erleben der damit verbundenen Wirklichkeit führen in das Gefühl, den Druck, dieses heftige Drängen, einfach nicht loszuwerden.

Nach meiner ganz persönlichen Erfahrung helfen da auch fantasievolle Szenarien mit mehrmaliger, täglicher, orgiastischer Selbstbefriedigung wenig. Letztlich bleibt dieses Erleben vollkommen leer, egal wie häufig es erfolgreich wiederholt wird. Dazu kommt noch ein gesellschaftlicher Erfolgsdruck, der in dieser Frage den Rest bewirkt. Dieses Massenphänomen nenne ich Bewusstseinsfeld.

Dieses Bewusstseinsfeld, das in der Tiefe auch mit den Elternrollen und dem Erleben der Abnabelung zu tun hat, führt bereits genau in die Energielage, die später eine wahre Erfüllung oder die Sicht auf die Königin unmöglich machen.

Der gut trainierte Junge, der über allerlei Fantasien in seinem Kopf bereits regelmäßig zum spitzen Samenerguss kommt, trifft auf ein Gegenüber, welches er in vielen Fällen natürlich lieb hat, aber nicht mehr frei wahrnehmen kann. Es ist meistens an dieser Stelle schon zu spät. Übrigens sind heute auf jedem Smartphone alle Pornoseiten frei verfügbar, sodass auch dort schon ein festes Programm des Erlebens ausprobiert werden kann.

Das große Bewusstseinsfeld der Sexualität hat ihn bereits ganz fest im Griff. Es führt ihn zu der Annahme, er müsste das Gegenüber erobern, herumkriegen oder einfach in geeigneter Form unterwerfen, damit Befreiung eintreten kann. Diese Denkweise ist aber immer mit Gewalt verbunden. Die Erwartungen sind meistens so stark ausgeprägt, dass Selbstbefriedigung auch sozial keine Dauerlösung bleiben kann. Damit im Einklang sind dann auch die Erlebnisse der sexuellen Liebe.

Sie, der weibliche Part, möchte tatsächlich diesen Menschen ganz an sich heranlassen, sich öffnen, ihn fühlen und spüren und ihm das geben, was er benötigt. Im Grunde hat sie genau die gleichen Sehnsüchte und Bedürfnisse wie er, doch gibt es da ein Problem. Selbst heutzutage schwingt die Angst, frühzeitig schwanger zu werden, unbewusst mit. Auch wenn man sich davon angeblich vollkommen frei fühlt oder wie auch immer geartete Vorsorge getroffen hat, schwingt dieses Thema trotzdem mit. Zu den ganzen Wirkungen der Hormone durch eine entsprechende Pille und deren doch weitverbreiteten Nebenwirkungen möchte ich gar nicht detailliert Stellung nehmen. Auch die Auswirkungen eines Kondoms im Bezug auf Einstöpseln finde ich durchaus gravierend.

Wenn jetzt einer meint, ich wäre gegen Verhütungsmittel, dann wäre das eine fehlerhafte Interpretation. Ich bin in diesem Zusammenhang für wie auch immer geeignete Verhütung, angemessene und vor allem intime, also ungestörte Räumlichkeiten sowie den ungestressten Zugang zur sexuellen Liebe.

Daraus kann sich die natürliche Liebe frei entfalten und wir würden eine neue Welt erleben. Wenn man sich anschaut, unter welchen Bedingungen sexuelle Liebe oftmals stattfindet, dreht es einem den Magen um. Egal, ob bei jung oder alt.

Schau dir einmal im Internet gehobene Bordelle an und du wirst feststellen, dass diese geschmackvolle und niveauvolle Rahmenbedingungen bieten. Warum zelebrieren wir einen so wichtigen Vorgang mit so wenig Aufmerksamkeit oder verweigern unseren Kindern diese Möglichkeiten? Weil wir es noch schlechter hatten? Die Frau hat gerade auch heutzutage die Problematik, scheinbar alles zugänglich zu haben und doch keinen Weg zu ihren Sehnsüchten zu kennen.

Die Schwangerschaft als Potenzial der sexuellen Liebe schwingt immer mit, auch wenn die Angst etwas anders ausgeprägt ist, als noch vor Generationen. Dieser Druck korrespondiert gegenseitig so, dass ein freies Erleben der sexuellen Liebe äußerst schwierig ist.

Ich erinnere mich an das Bild, als mein heute erwachsener Sohn in fast unberührter, kindlicher Art die sexuelle Liebe für sich entdeckte. Als Rahmen dafür hatte er an den Wochenenden eine Art Einliegerwohnung zur Verfügung. Das waren fast eheähnliche Bedingungen.

Die Verhütung war verträglich und angemessen geregelt. Seine Liebste wohnte ein paar Häuser weiter. Die Erwachsenen waren bewusst damit einverstanden und die beiden lebten eine schon beim Zusehen so entspannte und kindliche Art der Liebe, dass es mich heute in der Rückschau manchmal zu Tränen rührt.

Warum haben wir nicht alle solche Möglichkeiten oder räumen diese zumindest zukünftig ein? Was sollte daran schlecht oder gefährlich sein? Bist du immer noch der Meinung, du kannst solche Gefühle als angeblich verantwortlicher Erwachsener für deine Kinder in den Griff bekommen, obwohl du dies bei dir selbst nicht kannst? Es ist geradezu lächerlich und auch noch menschenfeindlich.

Hier kommt dann das bewährte patriarchische Machtmuster der institutionellen Kirchen zum Einsatz. Genau durch die Frage der Schwangerschaft ist die Frau gezwungen worden, sich keusch, anständig und wer weiß wie zu verhalten. Kein Sex vor der Ehe und andere lebensfeindliche Inhalte lassen hier immer noch ein klares Bild entstehen. Wenn sie Erfahrungen macht, ist sie irgendwann nicht mehr in Ordnung, eine Sünderin, Hure, Untreue und Beschmutzte, ein Flittchen, leicht zu haben usw. . Wenn er dies genauso macht, ist er immer noch erfahren, begehrt, angesehen und das gilt heute noch als gesellschaftlich konform und anerkannt.

Ich lebte eine Zeit lang eine eheähnliche Dreierbeziehung mit zwei Königinnen, die ich liebte. Das war gesellschaftlich zwar geil in der Draufsicht, weil die Fantasien der Mächtigen der Gesellschaft beflügelt wurden, aber letztlich trotz oder gerade aufgrund der Basis der Liebe unerträglich.

Dabei sagte man mir offen, dass man seine Frau sicher unter akzeptablen Bedingungen in einem verschwiegenen Rahmen jederzeit nach Strich und Faden betrügen dürfte, egal wie. Doch dies offen zu bekennen und es zu leben, sei unmöglich. Und das in dieser Zeit. Wie sagte man früher in der großen Organisation, in der ich eine leitende Tätigkeit hatte: Die Transporte der Nächstenliebe sind wohl oft eher Transporte der Liebe, um es freundlich auszudrücken. Da war wohl immer alles erlaubt!

Homosexualität war bis in die 70er Jahre hinein rechtlich strafbar und auf die perfide Behandlung mit Elektroschocks und anderen Maßnahmen möchte ich hier lieber nicht eingehen. Viele fänden das wohl heute noch richtig, habe ich den Eindruck.

Aber das wissen wir doch heute alles und so etwas gibt es doch nicht mehr, höre ich dich sagen. Ich möchte es anders ausdrücken. Wenn du meinst, du wärst Atheist und hättest mit theologischen Fragen nichts am Hut, dann sage ich dir, dass du unter einem mehr als 2000 Jahre alten Bewusstseinsfeld lebst, welches du durch bloße Willenserklärung nicht veränderst. Es unterwirft dich in der Tiefe! Du betrügst dich oder vielmehr wir uns immer wieder gerne über alle diese Fragen. Nur weil du in den Swingerklub gehen kannst und allerlei Erfahrungen und Bilder in dir angesammelt hast, bist du doch in der Frage der sexuellen Liebe keinen Millimeter weiter gekommen. Du ziehst der Sache ein neues Kleid über und meinst, dass du eine andere Haut bekommen hättest. Leider irrst du gewaltig!

Der Orgasmus
Details und Vertiefung

Es gibt einen verrückten Kreislauf, der auch heute noch unser Erleben ganz praktisch verdreht. Nehmen wir also an, er nähert sich seiner Königin auf einigermaßen angemessene Art und Weise und sie hat sogar eine gewisse Ruhe, dies zu erleben. Die Rahmenbedingungen sind auch noch annehmbar, dann könnte doch alles einfach gut sein. Leider entsteht aus dem beschriebenen Bewusstseinsfeld eine Handlung, die es zu erkennen und neu zu erleben gilt.

Nehmen wir an, es kommt zur erfüllten, sexuellen Liebe und allen bekannten Parameter wie Vorspiel, Aufbau einer Erregungskurve usw. werden eingehalten und alles ist wirklich schön. Irgendwann kommt der Punkt, an dem die Erregung so hoch geht, dass er einen Samenerguss bekommt. Oft ist das leider in der Vorstellung und der Erfahrung der sexuellen Liebe nicht korrespondierend mit dem Zeitpunkt von ihrem Orgasmus.

Hier treffen wir auf die nächste, niederschmetternde Fehlmeinung in der sexuellen Liebe. Erfüllung findet also insbesondere nur dann statt, wenn beide einen möglichst zeitlich ähnlich stattfindenden Orgasmus, er natürlich mit Samenerguss, bekommen. Was passiert aus dieser Annahme heraus im Kopf? Der Mann ist nur ein guter Liebhaber und kann seiner Frau nur etwas geben, wenn er nicht zu früh kommt und sie kann ihm nur etwas geben, wenn sie zumindest auch einen hörbar schönen Orgasmus hat.

Was bedeutet das? Ist dies nicht der Fall, ist die Liebe auch nicht in Ordnung. Dies gilt tatsächlich für beide.

In der lebenslangen Erfahrung führt das natürlich auch dazu, dass viele Menschen das Gefühl bekommen, sie wären an dieser Stelle ganz und gar nicht in Ordnung. Er kommt zu früh, sie gar nicht. Er kann sie nicht glücklich machen, sie kann ihm diesen Teil nicht schenken. Dies verhärtet sich zu einer Erfahrungsdichte, die einfach stressig ist und die physiologischen Folgen davon sind klar. Begründungen werden in Erkrankungen, Überforderung aus Beruf und Familie und allerlei anderen, oft äußeren Ursachen gesucht.

Dass dieser Mechanismus in uns oder unserem Bewusstseinsfeld so angelegt ist, kommt uns gar nicht in den Sinn. Hier dürfen wir einmal einen Blick auf den Orgasmus werfen. Der Orgasmus ist energetisch die Möglichkeit, Überenergien abzubauen und im Austausch mit dem Partner andere aufzunehmen. Wir werden befriedigt.

Sehr schön finde ich den Vergleich mit der Physiologie einer Katze. Diese kann einen Energieausgleich herbeiführen, in dem sie das Rückenfell über die Wirbelsäule wandern lässt. Wer dies einmal beobachtet wird feststellen, dass die Katze danach befriedigt ist. So einfach geht es also, wenn einem das Fell juckt.

Wir haben gelernt und erfahren, dass sich ein Orgasmus saugut anfühlt und dass spätestens danach Entspannung eintritt. Der süße Tod gibt dann auch schon eine tiefere Einsicht in den Vorgang.

Für einen Moment sind wir aufgelöst, nicht mehr präsent und trotzdem voll da. Dieser unter den beschriebenen Bedingungen meist krampfartige Zustand schlägt in Entspannung um, aus der wir erholt wieder den Geschäften dieser Welt nachgehen können.

Handelt es sich um Sexualität im klassischen Sinne, haben wir hinterher sogar die Energie, unsere Erfolgs-Geschäfte zu vermehren. Wir generieren die Energie, um unser Gehirn später nach der Entspannung in den leistungsfähigen Betawellen-Zustand des Alltags zu versetzen. Ist doch wunderbar, höre ich dich sagen. Leider nicht ganz, weil die Spirale des Erlebens nur Befriedigung, aber keinen echten Frieden bringt. Frieden oder Harmonie liegen in einem anderen Bereich. Sie liegen im Alphawellen-Zustand mit viel niedrigeren Schwingungsraten des Gehirns und gelten heute als wahre Grundlage für Wirkung in unserem Sein.

Als Basis unseres Tuns wird der Orgasmus zum wiederholenden Zwang und ist an technische Vorgänge in uns gekoppelt. Zur rechten Zeit einen angemessenen Orgasmus, für ihn mit Samenerguss, dabei möglichst beidseitiges Erleben und hinterher ordentlich Materie schaffen. So in etwa war mein früheres Erfolgsrezept, das äußerst anerkannt und angesehen war. So macht man – Mann – das eben. Wenn Frau nicht funktioniert, wenn sie nicht will oder kann, wenn sie keinen Orgasmus bekommt, dann wird sie eben gezwungen oder ausgetauscht. Was soll´s, sie ist ja selber Schuld!

Der Orgasmus wird außerhalb der Fortpflanzung zum zwanghaften Fixpunkt, weil der Inhalt des süßen Todes sonst nicht erlebt werden kann. Wo sollte der sonst sein, etwa im Leben?

Das hat uns zumindest keiner beigebracht und solltest du jemals etwas anderes gefühlt haben, dann wusstest du es eben nicht besser. Leider nutzt sich diese Art der Befriedigung auch noch ab und nach einigen Jahren funktioniert sie einfach nicht mehr zuverlässig. Und dann? Wo bekommt der Junkie für funktionellen Erfolg denn bloß seine Grundlage her, damit er weiter funktionieren kann?

Wer liefert den Treibstoff in Form von entsprechender Energie? Das ist doch einfach. Hilfsmittel wie Pornografie, Swingerklubs, Viel-Liebe oder auch perverse Spielarten von Schmerz und Unterwerfung geben Raum, dieses leere Erleben noch viele Jahre zu füllen. Bist du gut darin, sammelt sich vermutlich auch viel Materielles an, das Sicherheit und Ansehen verschafft, bis du dann irgendwann alt und im Grunde seit 50 Jahren bereits tot, die Welt verlässt. Ist doch prima!

Deine Sehnsucht nach Geborgenheit, Ganzsein, nach Gehaltenwerden und Fallenlassen haben sich zwar nicht erfüllt, aber das war ja schon immer so. Zumindest wird das dann auch noch als Weisheit an die nächste Generation übertragen. So funktioniert die Welt. Sinnentleertes Wachstum bis zum Tod, der heute noch von Angst vor Kontrollverlust beispielsweise bei Krankheit oder Demenz getoppt wird! Brot und Spiele sagte man früher wohl dazu.

Der Samenerguss des Mannes ist präzise die entscheidende Stelle. Ich kaufte einmal ein Klavier von einer Domina. Das Klavier war 100 Jahre alt, die Domina natürlich nicht. Sie bestätigte mir im Gespräch und bei der Besichtigung ihres Studios die vielen alten und neuen Untersuchungen aus diesem Bereich.

Es geht nur ums Absamen, um nichts anderes. Keiner will wirklich Schmerz, Unterwerfung oder so etwas, kein einziger. Aber sie wollen und müssen Absamen, nur das ist wichtig und dafür wird gezahlt. Der Weg dahin ist individuell. Vielleicht sollte man den durchschnittlichen Mann erst einmal auf eine Absamungskur schicken, ohne anstrengenden Kurschatten natürlich. Wenn er davon genug hat, kann er sich wieder neu orientieren.

Zurück zur Liebe. Bei der natürlichen Liebe der Königskinder, die mit einer anderen Einstellung zusammenkommen, geht es darum überhaupt nicht.

Ohhh, wirst du sagen, um was geht es dann? Es geht um die Vereinigung von Menschen, um das Erleben von Ganz-Sein oder Eins-Sein und der Samenerguss ist durchaus vorhanden, aber kein eigenes Ziel. Je länger wir die natürliche Liebe erleben, desto klarer wird dieses Bild. Vom ersten Moment des Einstöpselns bis zum sanften Hinausgleiten durch natürlichen Rückzug ist das Gefühl unbeschreiblich anders. Es ist so intensiv, dass es einen dauerhaft sanft stöhnt. Es ist der Gesang der Liebe, der durch einen freien Hals zur vollen Blüte kommt.

Es ist berührend, tiefgründig und einfach ganz normal. Das Ziel von Orgasmus oder Absamen ist darin nicht enthalten, aber auch nicht hinderlich oder störend. Das Einstöpseln kann fast unbegrenzt stattfinden und wird als beidseitig schön empfunden. Stell dir das bitte einmal vor: Die Königin empfindet das Einstöpseln als körperlich dauerhaft schön! Sollte dies einmal nicht der Fall sein, findet es nicht statt. Aber nicht als Vergeltung, sondern weil es dann nicht ist. Es hat keine sonstigen verknüpften Inhalte.

Die Königin liegt oft sanft und in vollkommener Entspannung auf dem Rücken. Es ist weder hell noch dunkel, es ist kuschelig und das Ganze findet im Lebensraum Bett statt, der uns äußerst angenehm ist. Natürlich auch in der Sonne auf einem frisch gemähten Feld oder an heiligen Orten, aber so richtig intim ist es einfach im eigenen Bett. Ziel des Einstöpselns ist primär die vollkommene Entspannung und Vereinigung der Körper, mehr nicht.

Nicht eng, nicht hart, nicht geil, sondern vollkommen entspannt und friedlich. Das widerspricht doch schon an diesem Punkt sämtlichen Erfahrungen. Das ist doch langweilig und öde, keine Reizwäsche, kein ausgedehntes Vorspiel, was soll daran schon schön sein. Noch einmal – du verkehrst mit Königskindern.

Es ist eine vollkommen andere Ebene. Reizwäsche wäre anstrengend, geradezu hinderlich und wer schon einmal die Scheuerstellen bei einem Slip-Ouvert gefühlt hat, der weiß, was ich meine. Hier geht es um die schönste Sache der Welt, die Auflösung des *Ich* im und mit dem Gegenüber.

Es ist schon erstaunlich, mit wie wenig Erektion eingestöpselt werden kann und wie sich das anfühlt. Bitte dabei nicht in Hektik verfallen, es ist nichts zu erreichen, du musst keinen Zug bekommen und ein Quickie kann schon einmal 1½ Stunden dauern, von ausgedehnter Liebe ganz zu schweigen. Beide Königskinder haben dabei nicht mehr den Druck, irgendetwas erreichen zu müssen, außer sich fallenzulassen, sich ganz zu zeigen, sich erkennen zu geben. Das ist eine echte Aufgabe!

Das allgemein gängige Vorspiel gibt schon eine Aussicht darauf, um was es sich hier dreht. Es ist das Spiel oder Schauspiel der Sexualität, welches sich auf der Bühne abspielt. Es ist nicht die Wirklichkeit, es ist ein Spiel und dazu noch eines vorweg. Vergiss das alles, sage es deinem Gegenüber. Du möchtest Einstöpseln und Vereinigung erleben, mehr nicht. Genau dazu habt ihr euch gemeinsam getroffen, um diesen heiligen Akt zu genießen.

Der Schwanz weiß dabei ganz genau, was zu tun ist. Er füllt die Scheide aus, langsam, achtsam und ganz. Dabei empfindet die Frau nur noch Entspannung. Kein Druck etwas zu tun, sich zu bewegen oder sonst irgendetwas. Ihr könnt vielleicht erst einmal einige Minuten nur so daliegen und abwarten, was mit und in euch geschieht.

Sanfte Bewegungen oder gar keine Bewegungen, ein verschlungenes Königspaar, Frieden… Macht euch am Anfang schöne Musik dazu an, ihr werdet es später nicht mehr brauchen, aber es hilft. Ich empfehle Tantra-The-Secret-Love, eine unglaublich schöne Begleitung dieses Erlebens.

Sprecht über Empfindungen, wenn sie auftauchen und vor allem berührt euch zusätzlich mit Augen und Händen. Dem königlichen Partner in die Augen schauen, seinen Körper ganz verschlingen, sich ihm vollständig zuwenden, ist deutlich intensiver, als ein geiler Orgasmus jemals sein könnte.

Und wenn ich dann einen Samenerguss bekomme, höre ich schon die Fragen? Dann zählst du Rechenaufgaben zusammen oder denkst an deine Oma… Unsinn, das machst du natürlich nicht!

Du genießt wie der Samen aus dir herausfließt und nimmst auch diesen Teil als Geschenk entgegen. Diese Art der Liebe führt selten zu einem frühen Samenerguss und wenn es einmal so ist, freu dich einfach daran. Ja, aber dann ist es doch vorbei, höre ich schon die Bemerkungen. Was ist vorbei, frage ich zurück? Der Schwanz erschlafft dann und der Akt ist unterbrochen oder gar zu Ende!

Wenn du wüsstest, was dein Schwanz alles kann und ganz alleine macht oder hast du schon jemals kontrolliert gesteuert, dass er steif wird, geil und hart, hast du dein Blut im Griff, dass es in diesem Moment genau dahin geht, wo es benötigt wird? Bist du dafür verantwortlich, dass dein Herz schlägt und deine Gedanken fließen? Wohl eher nicht und so ist es hier auch. Freu dich an einem schönen Samenerguss, stöhne und singe, wie es eben durch deinen engen Hals kommt und sei frei, es weiter zu genießen.

Da es sich in diesem Erleben meistens um einen Entspannungs- oder Talorgasmus handelt, ist das unerheblich. Und wenn nicht, ist es auch gut. Es geht wirklich fast von allein, wenn du dich hingibst.

Nach meiner Erfahrung ist es nur eine Meinung, dass der Schwanz schlapp ist und dann nichts mehr geht. Es sitzt als Bewusstseinsfeld, als feste Information in deinem Kopf und mehr nicht. Lass das, was da ist, einfach eingestöpselt und warte weiter in Liebe zu.

Streichle deine Liebste oder lass dich streicheln. Knete ihr sanft und nach Gefühl ihren Busen, finde sie vollständig schön, denn du liegst hier nicht mit ihr, weil du geil bist, sondern weil du natürlich einstöpseln möchtest und genau das möchte sie auch, mehr nicht.

Die Königin freut sich, wenn du natürlichen entspannten Samen bei ihr lässt. Es ist warm, es ist angenehm und wenn du die Verbindung der Stoffe riechst, dann ist es ein Hochgenuss. Es speichert sich in deiner Seele. Aber sie hatte doch noch gar keinen Orgasmus und ich bin ein schlechter Liebhaber. Du bist gar kein Liebhaber, du vereinigst dich in königlicher Liebe und um Leistung geht es dabei nicht. Oder meinst du, Könige unterliegen einem Leistungsmaßstab wie Arbeiter oder Sklaven? Sie sind frei davon, sie sind Könige. Aber mein Schwanz ist dann doch klein geworden und rausgerutscht... Gib ihm und vor allem dir Zeit, die natürliche Liebe neu zu erfahren.

Selbst wenn dein Kopf diesen Vorgang eingängig findet und mit ihm hantiert, findet das Erleben aus unserer Sicht vor allem aus der Mitte, aus dem Bauch heraus statt, am besten ohne Verstand. Erst, wenn du unseren Abdruck in deinem Bauch fühlen kannst, wird dieser Inhalt Wirklichkeit für dich.

Kommen wir zur Königin oder zum königlichen Partner. In der Physiologie ist es beim Einstöpseln von besonderer Wichtigkeit, volle Entspannung ganz bewusst zuzulassen. Wenn du dich mit dieser Einstellung deinem Gegenüber näherst, tritt die natürliche Liebe auch zutage. Die weibliche Scheide ist dann ganz entspannt, sie ist bereit, dich ganz und gar aufzunehmen, in einer Tiefe, die bei normaler Sexualität einfach verschlossen ist. Diese Art des Empfindens ist ungleich anders, als eng, geil und krampfhaft hoch durchblutet. Das Adernsystem und die Muskulatur werden so gesteuert, dass der gesamte Leib, der Unterleib mit allen seinen Verbindungen zur Aufnahme bereit ist. Körper und Seele öffnen sich und sehnen die Vereinigung sogar herbei.

Ist das nicht viel genialer, wenn es eng und feucht ist? Nein, ist es nicht. Eng bedeutet auch eingeschränkte Aufnahme. Eng bedeutet übersetzt einen Spannungszustand der Muskulatur und des Körpers, der sich durch die gesamte Wahrnehmung zieht. Eng bedeutet auch, Stress zu haben, der einen einen komplexen Abdruck im Körper hinterlässt.

Natürlich kannst du in Verbindung mit deinen Bildern, Fantasien oder was auch immer du nutzt einen spitzen Orgasmus damit bekommen, aber oft eben auch einen krampfartigen Zustand in den Beinen oder Füßen mit den entsprechenden Nachwirkungen und Gefühlen.

Wenn die Scheide offen und empfangsbereit wird, ist sie natürlich auch verletzlich. Du bist dann verletzlich und hier liegt auch die Ursache einer berechtigten Angst, dass diese Öffnung oder Hingabe missbraucht wird. Es ist so, dass wir uns in der vollkommenen Vereinigung, der natürlichen Liebe mit einem Menschen regelrecht auflösen und das verursacht eben Ängste.

Was ist, wenn das Gegenüber mich dann im übertragenen Sinne missbraucht? Was passiert, wenn ich im normal vereinbarten Sein nicht mehr einfach nur funktioniere? Wie ist das überhaupt, ist das nicht schon krank oder zumindest sehr bedrohlich, wenn mein *Ich* sich ablöst? Konkret geht es darum, dass die Frau die Erfahrung gemacht hat, dass der Mann sie nicht als Königin liebt und respektiert, sondern etwas Bestimmtes von ihr haben möchte. Im Klartext einen Samenerguss als Kick und Ausgleich im Leben. Mit dieser Energie verschließt er allerdings gleichsam ihre feinen Kanäle, weil hier ein Schutz eingebaut ist.

Aus unserer Sicht ist die Frau grundsätzlich dichter am Gefühl der natürlichen Liebe, weil sie im Bild des Patriarchats auch die weniger Machtausübende ist. Sie ist weiblich empfangend veranlagt. Es ist die alte Geschichte der männlichen Systeme mit allen ihren Konsequenzen. Das Sesshaftwerden brachte beispielsweise auch die Unterwerfung der Natur mit sich und das wurde im Verlauf zu einem Grundprinzip.

Leider haben dabei alle etwas verloren, auch die Mächtigen. Durch diese starke Strukturierung des Lebens konnte die Macht der großen Institutionen ausgeprägt und gefestigt werden. Die Frau bekam dabei einen Platz zugewiesen, der nicht ihrer natürlichen Anlage entspricht. Sie wurde unterworfen.

In dem Film „Alphabet" wird eine interessante Studie gezeigt. Säuglinge im Alter von sechs Monaten entscheiden sich zu 100% für den helfenden Baustein in der Versuchsanordnung, den sie von der Mutterrolle kennen. Mit zwölf Monaten entscheiden sich bereits 20% für den unterdrückenden Baustein in der gleichen Versuchsanordnung, weil sie, so das Fazit, zwischenzeitlich entsprechende Erfahrungen gemacht haben.

In der natürlichen Form entscheiden sich Menschen also für die Liebe. Durch Konditionierung und Erleben verändert sich diese natürliche Liebe hin zu einem Ausdruck von Macht und Unterdrückung. Genau dieses Muster finden wir später auch in der sexuellen Liebe wieder. Es handelt sich um die Verdrehung unserer natürlichen Anlage und ist im Erleben für alle Beteiligten letztlich traurig und leer.

Der Schutzmechanismus

Die Frau hat hier also eine Art physiologischem Schutzmechanismus in ihrem Körper. Ich nenne ihn deswegen Mechanismus, weil er natürlich ausgeprägt und immer vorhanden ist. Sie liebt ja dieses Gegenüber und möchte ihm auch alles schenken, was er sich wünscht, nur in seiner verdrehten, bereits entfremdeten Energieart verschließen sich ihre feinen und feinsten Kanäle vollständig.

Aufgrund von Mustern, Vorstellungen und anerzogenen Handlungsweisen wird dieser Schutz als Unzulänglichkeit verurteilt. Er wird entwertet und letztlich sogar versuchsweise abgestellt. Hier kommen wir zu einem weiteren kleinen, aber wichtigen Hinweis, der eine der Voraussetzungen für das Erleben natürlicher Liebe ist. Du darfst, egal in welcher Rolle, dir selbst vertrauen.

Du bist, genauso wie du bist, total in Ordnung.

Dies ist eines der größten Geheimnisse in meiner Beratungsarbeit und gilt für jeden Menschen. Wir nennen es Akzeptanz oder EinVerstandenSein, übrigens auch ein Buch- und Meditationstitel, den ich uneingeschränkt empfehle.

In unserem Leben sind wir manchmal schon vor der Geburt nicht in Ordnung, aber spätestens nach der Geburt, mit den Strukturen zum Schulbeginn oder bereits mit dem Erlernen von Sprache und Kontinenz wird uns suggeriert, dass wir nicht in Ordnung sind. Wir bekommen Beifall und Belohnung für bestimmte Dinge, die wir erlernen, also nach allgemeinen Vorgaben erfüllen.

Wir werden mit Zuwendung versehen, wenn wir funktionieren und mit Liebesentzug oder Strafe, wenn wir nicht funktionieren. So auch hier.

Die Frau oder besser das weibliche Erleben hat ein natürliches Gefühl für den Umgang mit Liebe. Das Weibliche ist dem Mann unbewusst suspekt, da eine Frau beispielsweise auch gebären kann. Allein die Geburt bleibt aus diesem Gefühl ein ungeheuerlicher Vorgang. Der Mann möchte sich diesem mystischen Inhalt entziehen. Ohne die Fähigkeit der Geburt wären wir allerdings alle nicht. Dieses natürliche Gefühl der Liebe wird meistens bereits in den ersten Erfahrungen mit Sexualität als überflüssig, störend, anstrengend oder einfach nicht in Ordnung bewertet. Bereits früh geht es um den Orgasmus, um den spitzen Höhepunkt und die energetische Entladung, mehr nicht.

Die Frau misstraut in der Folge Ihren eigenen Gefühlen und dieses Misstrauen begleitet sie oft ein Leben lang. Für Frau kann auch das weibliche Muster eingesetzt werden, weil dieses unabhängig vom Geschlecht auch in anderen Beziehungsformen vollständig enthalten ist. Natürlich sind diese Polaritäten männlich/weiblich sogar in jedem einzelnen Menschen komplett enthalten. Man nennt es die kymische Hochzeit, die innere Vereinigung von Mann und Frau. Aber das ist ein anderes Thema.

Eine aus dem Gedächtnis zusammengefasste Geschichte des bekannten Sexualtherapeuten Schnarch schildert die Gesunderhaltung des Selbstbewusstseins so: Eines Tages geht er mit seiner kleinen Tochter ins Schwimmbad. Sie will ihrem Vater zeigen, wie sie vom Sprungturm ins Wasser taucht. Er steht am Beckenrand und schaut zu.

Sie geht langsam hoch, immer höher und als sie oben angekommen ist, steht sie dort allein. Sie geht nach vorne an die Kante und schaut runter. Plötzlich bekommt sie Angst, weicht zurück und setzt sich in der Mitte des Turmes nieder.

Sie schließt die Augen und versinkt einen langen Moment. Dann öffnet sie die Augen, geht langsam wieder zur Kante und springt beherzt hinunter. Als sie aus dem Becken steigt sagt er Folgendes: „Wenn du das in deinem Leben immer so machst, wirst du niemals ein Problem haben."

Wie viele gerade weibliche Anteile sind gegen ihren Widerstand hinabgesprungen, wie viele Anteile wurden gar gestoßen, geschubst, ausgelacht oder haben sich unter Lachen und Häme vom Sprungturm geschlichen. Genauso ist es auch hier. In der Sexualität ist Abhärtung gefragt. Ein harter Schwanz, eine enge Scheide, eine harte Einstellung zum Fühlen, das Überschreiten sämtlicher innerer Grenzen. Belohnung winkt dem oder der, die genau das können, was verlangt wird. Ideal, sozusagen. Doch was ist mit unserem Herzen, unserem Bauch, unserem Fühlen? Was, wenn die Rolle des potenten Machers so leer geworden ist, dass man sich nur noch dringend an den weiblichen Busen kuscheln möchte, geborgen und warm diese Präsenz genießen? Kannst du das dann überhaupt noch erleben?

Ich dürfte es lernen, erfahren und meine Panzerungen des omnipotenten Lichtjägers auflösen. Meine Königin zeigte mir den Weg in eine ungekannte Art des Fühlens, ins *Ganz-Sein* und rettete mich damit vor dem Tod. Diese Bemerkung bitte ich als real zu verstehen.

Im gepanzerten Zustand verursachen wir nicht nur viel Schmerz, unser kleines Herz versteinert und stellt regelrecht seine Funktion ein. Angina Pectoris, Herzinfarkte, Engegefühle und alle Volkskrankheiten, die sich im Bereich Herz und Lunge tummeln, sind Ausprägungen dessen. Wir funktionieren wunderbar, bis das Lebendige in uns zerbricht bzw. uns aus der Verpanzerung herausholen möchte.

Wir sterben real an einem gebrochenen Herzen, und weil wir so gut trainiert sind, können wir zwar technisch Herzen einfach tauschen und reparieren, aber eine Öffnung beispielsweise für das Weibliche in unserem Leben ist uns leider verwehrt. Die Tür ist nachhaltig zu, nicht mehr erreichbar.

Was hat das mit der natürlichen Liebe zu tun? Im Erleben der natürlichen Liebe ist Heilung enthalten, auch Heilung dieser Ebenen und somit auch eine Chance auf Gesundung, selbst wenn Symptome schon deutlich sichtbar sind. Die natürliche Art der Liebe beinhaltet regelrecht *Alles*, was wir zum Leben benötigen. Man sagt, ich lebe von Luft und Liebe, nicht als Mangelzustand, sondern weil es die schönste Sache der Welt ist. Was sollte an Liebe nicht in Ordnung sein, wenn es einem doch blendend dabei geht? Aber es ist nicht anhaltend, so die landläufige Meinung. Ich teile diese wohl im Bezug auf Sexualität, aber nicht in Verbindung mit der Vereinigung der Königskinder in der natürlichen Liebe.

Warum möchtest du mit jemand Liebe machen, ihn in deinen Intimbereich aufnehmen, wenn er in deinem Bild nicht dein königliches Gegenstück ist? Du möchtest dich nur befriedigen und sonst nichts – in Ordnung, doch was dieser Vorgang mit sich bringt, kannst du bereits erahnen.

Das Schutzschild in uns dient letztlich dazu, diesen heiligen Akt zu bewahren, ihn als etwas Besonderes zu ehren und sich dessen bewusst zu sein. Kommen wir also auf den Punkt. Begegnet dir in der sexuellen Liebe das Gefühl einer Grenze, bist du nicht nur in Ordnung, es schützt dich und dein Gegenüber sogar davor, verletzt und verdreht zu werden, egal um was es sich handelt!

Einer der wichtigsten Inhalte dieses Buches. Deshalb noch einmal: Hast du sexuelle Liebe mit einem Partner und du oder dein Gegenüber spüren eine unangenehme Grenze, respektiert diese. Unterbrich den Vorgang, weine, heule, kreische oder verschiebe das Ganze und wenn man dich als dumm, frigide, lustlos, unsozial oder was auch immer beschimpft, wisse, dass dies der größte Gewinn deines Lebens ist. Du bist dann ganz in deiner Mitte. Vom Turm zu springen ist letztlich keine Kunst, denn in dem Moment, wo die Gewichtung an der Kante den Schwerpunkt überschreitet, geschieht der Rest von allein. Innezuhalten und seinen Gefühlen Raum zu geben, ist die Grundvoraussetzung, um sich lebendig und natürlich in dieser oft künstlichen Welt zu bewegen.

Zum Abschluss dieses kurzen Ausflugs der Kernsatz:

Alles was du fühlst und erlebst, ist ganz in Ordnung, auch wenn es dein Verstand anders interpretiert! Sei deiner Seele gut, liebe dich selbst, akzeptiere dein leibliches Sein ganz, dann tun es auch andere.

Noch ein Ausflug in die natürliche Liebe

Hier ein anderer Abdruck der natürlichen Liebe zum Hineinfühlen. Nach zwei Wochen Abstinenz, ein ungewöhnlicher Zustand für meine Erfahrungswelt, machte ich mich auf den Weg, um meine Königin zu besuchen. Sie verweilte zur Kur im Erzgebirge, also ein paar Stündchen Fahrt. Alles fügte sich zu einem Bild und an einen Sonnabend Vormittag machte ich mich auf den Weg. Ich fuhr mit dem wunderbaren Cabrio einer besonderen Freundin und konnte so neben dem meditativen Fahren auch noch Sonne und Luft tanken. Es war einer der heißesten Tage des Sommers 2014 und bei 35 Grad fuhr ich schwungvoll gen Osten meiner Königin und der Sonne entgegen.

Unterwegs noch ein paar SMS mit den aktuellen Bildern eines zerzausten Frankis und alles entwickelte sich ganz ruhig. Nach 14 Tagen Abstinenz wäre in meinem Körper zur alten Zeit sicher etwas besonders Explosives enthalten, das förmlich auf Entladung wartet. Eine hohe Erregung eben. Unter Höchstdrehzahlen mit Lichtgeschwindigkeit hinfahren, dort alle diese schrecklichen Gefühle spitz und schreiend entladen um Besserung oder Linderung zu erfahren. Mindestens 5 mal sexuelle Liebe und noch ein bisschen was drauf und den Rest sinnvoll füllen, um dann auf den gleichen Höchstdrehzahlen für den Moment befriedigt den Heimweg anzutreten. Doch es kam anders, Franki war zu dem Zeitpunkt bereits neu geboren.

Es dauerte ein paar Stündchen und die gesamte Fahrt fühlte sich frei und fließend an. Kein Schmerz, keine übersteigerte Vorfreude, keine Sexualität, einfach nur frei und natürlich.

Kannst du verstehen, was das für mein Erleben bedeutet? Alles war einfach so wie es war in jedem Augenblick in Ordnung, weil es so war. Mehr nicht. In mir ruhend, mit einer Art goldener Strahlung aus dem Kopf heraus, flog ich durch Zeit und Raum der Königin entgegen. Ich liebe natürlich auch Bewegung, Kommunikation und damit war schon die Fahrt irgendwie ein Vergnügen.

Nach dem ersten Drittel regte sich einmal kurz mein Sakralchakra, also meine Körpermitte. Ein untrügliches Zeichen für die Öffnung des Zentrums der Liebe im Bauch, welches ja bis dahin natürlich verschlossen war. Ich nahm es zur Kenntnis.

Wenn dir diese Beschreibungen zu emotional oder abgekoppelt erscheinen, halte es einfach aus. Ich bin Jungfrau-Geborener mit einer starken Verbindung zur Erde und Realität und alles ist in Ordnung. So flog ich durch die Sonne, den Wind um die Ohren und näherte mich unaufhaltsam. Als ich von dem letzten Teilstück der Autobahn fuhr, wich die Freiheit einer leichten Aufgeregtheit. Es machte sich so ein angenehmes Kribbeln breit und ich freute mich einfach auf das Wiedersehen.

Als ich auf den Parkplatz rollte, stand sie da. Ganz schlicht, normal und umwerfend schön. Sie hatte ein bisschen zugenommen, sah wie ein Vollweib aus, etwas angestrengt vom Programm und den Menschen, die sich irgendwie für krank und nicht in Ordnung hielten, aber sie strahlte gleichfalls königlich. In mir selbst gab es bis auf die Lösung der kleinen Aufregung nichts, was hätte besser sein können. Ich war vollkommen ruhig, ausgeglichen und froh, sie so sehen zu können.

Ich hatte meine übliche Bekleidung an – karierte Dreiviertel-Hose der Temperatur geschuldet, hellblaues Hemd mit Krawatte und dunkelblaues Nadelstreifenjackett meines Gartenanzugs, den ich sonst zu solchen Gelegenheiten wie Rasenmähen usw. nutze. Dazu Vibram Five Fingers an den Füßen, also Barfußschuhe mit Zehenausprägung in hellem Känguruleder, einfach kurios.

Sie hatte einen typischen Jeansrock, ein luftiges Oberteil und ebensolche Schuhe an. Ich nahm sie einfach in den Arm, ruhig, gelassen und liebte sie für ihr Sein, mehr nicht. Ich bitte, das genauso zu verstehen. Ich war nun da und unsere Körper entspannten sich, breiteten dieses besondere Feld aus, welches wir Liebe nennen und was uns in helles Licht hüllt, wenn wir uns dafür vollständig öffnen.

Ich nahm einen weiteren Anzug, meine Hemden und einen kleinen Rucksack mit hinein. Baulich handelte es sich um eine Art Mittelklassehotel mit Flachdach in gepflegtem Zustand mitten im Grünen gelegen und durch die typischen Bedingungen der Region Erzgebirge geprägt.

Als wir ihr Zimmer betraten, war alles da, was für die natürliche Liebe benötigt wird. Vertrauen, Ruhe und diese besondere Achtsamkeit, die ich hier beschreiben möchte. Sie ging noch eben auf die Toilette, ich hängte meine Sachen auf und zog mich langsam aus. Als ich so nackt vor ihr stand, war alles ganz ruhig. Ich hatte auch keine pralle Erektion, sondern mein Schwanz hing gut gefüllt und wartete auf seine natürliche Umgebung. Wir legten uns auf das Einzelbett, genossen unsere Seelen mit Blicken und erfreuten uns einfach am Sein.

Nach einem kurzen Moment fanden wir die richtige Position, um in Frieden einzustöpseln. Dieses Einstöpseln ist der natürliche Vorgang, der Wunsch, die eigentliche Heimat der Genitale. Ich versuche jetzt etwas von der Atmosphäre zu schildern, die erstaunlich gelassen blieb. Dabei war sie gleichfalls hochgradig erregt, vollkommen normal, erotisch aufgeladen und ganz frei von jeglicher Begierde. Das geht doch gar nicht, höre ich dich jetzt sagen. Doch, alles ist darin enthalten und umschließt uns bei der natürlichen Liebe.

Weder musste ich überstürzt in ihren Tempel Einzug halten noch war ich besonders zurückhaltend, alles war ganz natürlich. Sie legte sich entspannt auf den Rücken, wir genossen in großer Achtsamkeit dieses königliche Geschenk und hätte irgendetwas gezwickt oder was auch immer, hätte ich sie ebenso in gleicher Freude und Liebe nur angeschaut und streichelnd genossen.

Es war alles frei und innerhalb weniger Minuten waren wir wieder ganz aufeinander adaptiert, wir verschmolzen wiederum zu einem Ganzen.

Besonders verblüfften mich in der Wahrnehmung die Gefühle, die ich so nicht erwartet hatte. Wie gesagt, nach einer für meinen Teil unendlichen Abstinenz von 14 Tagen und einem stundenlangen Sonnenbad im Cabrio wäre ich früher so aufgeheizt gewesen, dass ich mich voller explosiver Freude hätte entladen müssen. Eindringen, den heftigen Gefühlen Raum in drängender Bewegung geben, ihren Orgasmus abwarten und dann mit Überschuss in sie abspritzen oder auf ihren Bauch spritzen. Was meinst du, wie das nach 14 Tagen aussieht – geil!

Doch so war es nicht, da war nichts dergleichen. Ganz sanft und ohne umfangreiches Vorspiel, oder wie man das nennt, stöpselten wir ein. Es war ein Gefühl wie angekommen zu sein. Am Schwanz selbst entsteht dann oft so eine natürliche Frische, so etwas, wie eine energetische Reinigung. Es fühlt sich an wie ein frischer Lufthauch, der beim Einstöpseln hindurch weht. Einfach nur genial. Anstatt ein drängendes Bedürfnis zu erleben, war es gänzlich ruhig. Bereits auf der Fahrt waren wir durch moderne Technik und die Kommunikation der Seelen ganz beieinander angekommen. Da war aber auch so gar nichts dazwischen.

Wir erleben in dieser Spiegelbeziehung der Kugelmenschen ganz oft, dass Kommunikation in Echtzeit stattfindet und das auch ganz ohne weitere Hilfsmittel. Wir brauchen nicht einmal bewusst aneinander zu denken, es geschieht einfach ganz natürlich. Einer denkt, der andere spricht. Einer schickt eine SMS mit Foto, der andere macht gerade parallel sein Foto dazu. Einer denkt oder fühlt etwas intensiv, der andere fühlt es genauso.

Ist das nicht gefährlich, so miteinander zu verkleben? So ist es und vor allem ist es mit starker Angst und inneren Hindernissen besetzt, da wir gelernt haben, uns sicher abzugrenzen. Das ist der Schlüssel zu diesem Erleben. Kannst du dem Gegenüber vollständig vertrauen, kannst du dir selbst vollständig vertrauen, akzeptierst du ihn mit allem was ist als königlichen Partner?

Erst dann fliegt dieses Gefährt der Götter über die Angst hinaus. Es zeigt und bearbeitet diese mit dir und lässt deinen Kortisolspiegel so weit absinken, dass du es wieder frei fühlen kannst.

Die Psychologie sieht letztlich alles als gefährlich an, was die Verknüpfung mit deinem *Ich* nachhaltig gefährdet, währenddessen die modernen Suchenden angeblich alles daran setzen, diese wieder aufzulösen. Dies tun sie allerdings meistens nur Dienstag- und Donnerstagabend bei der strukturierten Meditationsgruppe und wenn sie in Büchern versinken. In unserem kleinen gesicherten Leben wollen wir, die Sitzenden, das auf keinen Fall wirklich ganz erleben.

Oder wie mir eine gute Freundin die Tage erzählte: Ich habe noch eine Verarbeitung, ein Hindernis zu überwinden, bevor ich ein weiteres Stück Lebensaufgabe meistere. Bei mir tritt das Thema Eifersucht immer wieder in Erscheinung, das muss ich erst erledigen, bevor es weiter geht. Ich sagte, sie müsse nichts erledigen, sondern nur akzeptieren. Das habe ich schon versucht, aber es änderte nichts daran. Ich brach etwas unhöflich in kicherndes Lachen aus. Grotesk! Akzeptanz bedeutet, im Jetzt damit einverstanden zu sein, es zu begrüßen, sich ganz in Ordnung zu finden! Unser Verstand bedient sich diesem, wie allen anderen Konzepten, auch in der Esoterik und testet, ob er es mechanistisch zur Lösung einsetzen kann. Habe ich schon probiert, hat nichts genützt und das im Zusammenhang mit Akzeptanz!

Sooo süß, diese verrückten Menschen. Treffen sich zwei Planeten. Spricht der eine von seinen Problemen, sagt der andere: Ich habe Menschen! - Ohhhhh, du Armer, das ist aber hart oder so ähnlich.

Wir erlebten also wieder einmal fließende, natürliche Liebe. Ihr Verstand brauchte einige Sekunden, um zur Ruhe zu kommen und dann flogen wir mit dem Göttergefährt davon!

Ein Vollweib mit herrlichem, weichen Busen, der gerne in Liebe ausgiebig geölt und geknetet wird und ein ehemals geiler Priester, der nach 14 Tagen Notstand eigentlich überlaufen müsste.

Ganz langsam nahm mein Schwanz den Raum in ihr ein. Ich näherte mich ihren königlichen Gemächern, um sie ganz auszufüllen. Die Erektion war dabei mächtig, aber immer leicht biegsam, natürlich eben. Der Schwanz macht in solchen Momenten genau das, was notwendig ist. Er wendet die Not, die energetische. Dabei war sie ganz weich, in Sekunden wieder ganz geöffnet und wollte mich empfangen. Ihre herrliche Scham wartete schon auf Zuwendung und ich streichelte diese ganz ruhig mit meinen Fingerspitzen, während die Genitale verschmolzen. Sie lag auf dem Rücken, ich rechts seitlich verdreht auf und neben ihr und es war ein Hochgenuss. Hast du schon einmal auf einem Einzelbett mit schmalem Rahmen in dieser Position gelegen? Im Yoga liegt man manchmal augenscheinlich vollkommen verdreht und genauso trotzdem entspannt da. So auch hier. Unüblich für uns war der Gesang der Liebe etwas zurückhaltender, wir wollten doch die Mitleidenden dieser Kur nicht über Gebühr strapazieren. Oder wie findest du es, wenn du durch Medikamente eingeschränkt hören musst, wie im Nebenzimmer zwei Seelen den Gesang der Liebe studieren und auf ihrem Gefährt davon fliegen?

Also eine Spur Achtsamkeit und trotzdem vollständig versinken, wie schön. Phasen absoluter Bewegungslosigkeit wechselten mit Phasen sanfter Bewegung und zu jedem Zeitpunkt genoss ich ihren ganzen Körper. Die Königin gab sich der Liebe hin und gibt es ein schöneres Erleben, ein schöneres Bild, einen schöneren Gesang als das?

Für mich nicht und genau das ist der Schlüssel dazu. Immer wieder tiefe Einblicke in die Seele, die Tore der Augen auskostend bis zur Neige und abtauchen in die höchsten Höhen, die tiefsten Tiefen.

Der Schwanz war dabei prall gefüllt, aber nicht unangenehm gespannt. In sexueller Liebe ist das manchmal anders. In der natürlichen Liebe bleibt die Biegsamkeit, das Anschmiegsame voll erhalten. Nach einer geraumen Zeit wechselten wir die Position. Wir lagen in Liebe versunken aufeinander und genossen den direkten Blick in die Augen. Die Augen waren für mich schon immer die Tore zur Seele. Schon als jugendlicher Priester schaute ich den Mädels tief in die Seele. Mein Vater war einer der Handvoll besten Augendiagnostiker in Deutschland. Vielleicht eine mir vererbte Anlage dieser Begabung.

Sie zog mich mit beiden Händen in sich hinein, umschlang meinen Po und gab mir das Gefühl, ganz in ihr zu versinken. Zu diesem Zeitpunkt war es gar nicht so einfach, die Energien frei durch den Hals zu leiten. Teilweise hechelte ich regelrecht aus einem natürlichen Drang heraus, um diese Energiedichte bewusst zu erleben, sie durch den Körper nach oben hinaus zu geleiten.

Ich sah, dass sich ein ruhiger Orgasmus ankündigte. Ich genoss dabei ihren Anblick, ihren weichen Busen, diese schönen gut durchbluteten Brustwarzen, die bei der Liebe manchmal etwas feine Flüssigkeit absondern und schaute in ihre Seele. Es ist hier anders als in der Sexualität nicht wichtig, die Bewegung zu steigern. Es ist im Gegenteil ganz natürlich, Ruhe und Entspannung zu empfinden. Sie versank in der Phase eines wunderschönen Talorgasmus. Was ist der Unterschied?

Die Erregungskurve verläuft in der sexuellen Liebe eher spitz. Sie benötigt Zeit, um in Fahrt zu kommen. Wenn Sie dann durch Vorspiel oder Reizung der Klitoris-Region an Intensität zunimmt, gilt es, diese Erregung zu vermehren, um ihr dann als guter Liebhaber einen spitzen, steilen, schreienden Orgasmus zu verschaffen. Ich habe es ihr richtig gut besorgt, so heißt das dann wohl.

Die Erregungskurve ist steil, spitz und fällt ebenso rasant in einer Entladung ab. Dabei wird Energie abgebaut und augenscheinlich durch Muskelkontraktion verarbeitet oder vielmehr transformiert. Danach treten Entspannung, aber auch Müdigkeit ein, weil der Vorgang stark, ja grenzwertig polar ist. Daraus entsteht die uns bekannte Form der Befriedigung, die dann möglicherweise muskulär in einen späteren Bewegungsdrang über geht. Unser Funktionsmuster dieser Welt. Wir können mit dieser Energie stark, erfolgreich und beweglich sein, in dieser Welt der Materie.

Bei einem Talorgasmus besteht das Erleben aus sanften Wellen. Die Erregungskurve verläuft nicht spitz und entladend, sondern kontinuierlich und verursacht in der Wahrnehmung einen Dauerorgasmus. Tatsächlich habe ich mehrmals Orgasmen ohne Samenerguss erlebt und auch Samenergüsse ohne Orgasmus. Die königlichen Vereinigung wird davon nicht unbedingt unterbrochen. Der Orgasmus tritt in einem Erregungstal ein, also manchmal ganz ohne Bewegung. Dadurch ist auch der Körper im Moment dieses Orgasmus relativ entspannt und das Erleben ist mehrfach so lang, fast gänzlich bewusst und unvergleichlich anders. Ich sah diesen Talorgasmus bei ihr kommen und erfreute mich an der Beobachterposition.

Hätte sie während dieses Erlebens genau an diesem Punkt unterbrechen müssen, warum auch immer, hätte sie einen Moment Pause benötigt, hätte sie jegliche Bewegung gestoppt, wäre es auch für meinen Teil ohne Abbruch der zauberhaften Atmosphäre möglich gewesen. Das angeblich männliche Drängen, das Muster von Ficken, Stoßen, Eindringen war in mir vollständig erlöst.

Aber ist denn sexuelle Liebe nicht auch schön, wichtig und wertvoll, höre ich die Fragen der beunruhigten Fraktion? Absamen unter irrem Geschrei im Bruchteil einer Sekunde ist auch schön. Es ist geil und ich habe es viele Jahre mehr als einmal täglich genossen. Es ist auch nicht schlecht, verkehrt oder abzulehnen, doch führt es in eine mechanistische Welt, die mir heute leer erscheint. Oben fülle ich attraktive Körper, geile Bilder, dauernd steigende Erregungen fachgerecht ein. Unten bekomme ich entsprechend den süßen Tod in einem Moment heraus. Wenn auch noch alles gut gelaufen ist, bin ich mit Abstand davon hinterher so muskulär aufgeladen, dass ich in der materiellen Welt erfolgreich und anerkannt agieren kann. Super, aber für meinen Teil aus-erlebt!

Ich kann nicht mit Gewissheit sagen, ob ich ohne die Erfahrung oder das Ableben dieses Inhalts auch an diese Stelle gekommen wäre. Für mich war sie jedenfalls mit den materiellen Abbildungen dieses Lebens, wie Besitz, Macht, Einfluss seit etwa 2006 leer oder noch wertfreier, erfüllt. Alles, was dort möglich war, hatte sich gezeigt. Ich war fertig damit oder vielmehr es war fertig mit mir. Ich werte an dieser Stelle nicht, weder gesellschaftlich noch theologisch. Ich berichte von den Erfahrungen und den Wirkungen daraus, so wie ich sie eben wahrnehme.

Sie erlebte also nun einen wunderschönen Talorgasmus, anhaltend, intensiv und in meiner Wahrnehmung in relativer Entspannung und es drängte sonst nichts. Einen Moment später bekam ich einen ebensolchen, langsamen und intensiven Orgasmus, der sich nicht zuletzt durch das freimütige Zeigen ihres gesamten Gefühlsspektrums in den Augen ausgelöst hatte. Wir lagen entspannt ineinander und genossen die Situation.

Nichts in mir hatte die Königin zu irgendeinem Zeitpunkt des Erlebens gedrängt, nichts hatte Erwartungen an sie gehabt. Ihre Vollweibformen waren für mich genauso in Liebe zu sehen, wie ihre Niedrig-Gewichts-Phasen mit einer zerbrechlichen Rehausstrahlung. Ihre prallen Hüften, diese tollen kräftigen Beine und Schenkel, die weder rasiert noch sonst wie bearbeitet waren, alles passte perfekt. Hätte es mich in weiblich gegeben, würde ich wohl genauso aussehen. Ein wunderbares Gefühl. Jede Falte, die ihre Speckröllchen seitlich am Bauch zeigten, war bereits von mir geliebt. Nichts davon hatte etwas mit Erregung zu tun, es ist nur Liebe.

Aber ist das denn nicht langweilig? Es ist nicht nur nicht langweilig, diese natürliche Liebe mit ihren energetischen Rahmenbedingungen ist erfüllend und heilend. Bei mir transformierte sie unter anderem das Muster des geilen Priesters in die natürliche Form. Mit über 10 Samenergüssen an einem langen Abend innerhalb von 12 Stunden hatte ich Dinge erlebt, die einfach am Ende die Leere überdeutlich sichtbar zutage treten ließen. Mehr, besser, weiter beginnt schon beim Wettpinkeln der kleinen Jungs. Mir ist das gesamte Gehabe gleichgültig geworden.

Da lagen wir nun, königlich vereinigt und waren ganz bei uns, vermählt in dieser besonderen Art. Der Orgasmus ist dann so fließend, dass es keine Anstrengung kostet, sondern wie ein Zeichen im Verlauf dieser Liebe ist. Er ist frei und verursacht keinen Zwang, etwas Bestimmtes tun zu müssen. Er ist natürlich. Er harmonisiert, was ich in der Sexualität nicht einmal nachhaltig erlebte. Dort verschiebt der Orgasmus in meiner Wahrnehmung Energien, um sie wie in dem Matrix-Film zur Fütterung der Materie zu missbrauchen. Denn was ist schon Erfolg in unserer Welt? Es ist Unterwerfung, meistens auch Egoismus und leider vielfach auch Zerstörung. Das findet Beifall, wenn man nur erfolgreich genug ist.

Oder wie ein Geschäftsfreund sagte: „Wenn die Firma noch ein bisschen größer ist, verkaufe ich sie und mache endlich, was ich schon immer wollte. Ich studiere zu meinem Vergnügen." Wenige Jahre später wäre es möglich gewesen, nur hatte er selbst die innere Freiheit verloren. Er war traurig darüber und bat darum, solche tiefgründigen Themen nicht mehr zu berühren. Der Schmerz in diesem Erleben und die traurige Selbsterkenntnis sind fast unerträglich. Daraus entsteht unsere Welt und die Macher des christlichen Patriarchats haben diesen Mechanismus nicht versehentlich erschaffen. Er sichert Macht, Sitzen und schafft verteilte Materie.

Funktionieren wir erst einmal wie ein Zahnrad in einer Maschinerie, fühlen wir die Sicherheit des Einrastens und kommt manchmal einer, und verpasst uns einen Tropfen Öl in Form von Befriedigung der sexuellen Liebe, des Machtstrebens oder anderer Triggerpunkte, fühlen wir uns in diesem Gefängnis absolut sicher und gut.

Nur in manchen Momenten des Beobachtens wird uns schmerzlich bewusst, dass sich diese Spur des Lebendigen in uns verloren hat. Die Quelle liegt nicht im Außen, nicht im Ansehen, dem Bankkonto oder in sonstigen Statussymbolen. Sie befindet sich in uns selbst und wir haben uns versklavt, uns unfrei gemacht, in unserem gesamten Tun. Wir sind auf der Suche nach irgendetwas oder irgendjemand, der uns dieses tödliche Virus abnehmen kann.

Diese Sucht, dieses Suchen wird dann in Götzen, also im Ersatz der wahren Energie, dem Lebendigen, angestrebt und für einen kurzen, traurigen Moment sogar erlebt. Danach ist es oft unmittelbar wie vorher, nur trauriger, weil jeder Samenerguss, jedes Gipfelerleben diese Illusion gnadenlos enthüllt, ja bloßstellt und unsere Befriedigung sich darin immer mehr verbraucht. Was können wir an diese Stelle der Leere setzen, wenn der künstliche Ersatz gänzlich aufgebraucht ist?

In der Sexualität gibt es immer noch Spielarten, aber sie erfordern eine Menge Aufwendungen, sei es real oder der Seele. Wir verbrauchen die Energie der Seele dafür, oder verkaufen unseren heilen, göttlichen Kern. Swingerklubs, Prostitution, Partnertausch in jeder Spielart, SM oder BDSM und vieles mehr geben eine Aussicht auf diese Welten. Danach geht man mit der dort gewonnenen Befriedigung, mit dieser schalen Energie, in die Matrix dieser Welt und unterwirft Andere. Stark sein, Siegen, Feiern und dieses wie eine Spirale steigern! Hemmungslos oder wie ein Krebsgeschwür. Was soll´s? In der mechanistischen Welt gibt es auch für die daraus resultierenden Krankheiten legeate, also rechtlich anerkannte Lösungen, die durch Studien und Erleben dieses Siechtums bebildert sind. Es ist festgelegt, wie damit umgegangen wird!

Das Lebendige in uns ist an keiner dieser Stellen zu finden. Es schützt und entzieht sich diesem bunten Treiben des Verstandesmenschen konsequent und der Erfolg des „Kleinen Prinzen" zeigt uns die tiefe Sehnsucht der Menschen nach einem anderen, natürlichen, ja mystischen Erleben. Vielleicht ist diese Welt reif, vielleicht sind wir Menschen reif. Satt von dem Fraß der Mittelmäßigkeit, der Qualitätssicherung, der Null-Fehler Betrugsprogramme, in die gut bezahlte Ingenieure Sollbruchstellen einbauen, damit der Bedarf weiter wachsen kann, um nie wieder zu uns selbst zurückkehren zu müssen.

So lagen wir nun auf dem Bett, genossen dieses energetische Erleben und hatten nach 14 Tagen eine Art Super-Quickie erlebt. Die Vereinigung hatte nur 45 Minuten gedauert, mir kam es wie eine vollkommen zeitlose Erscheinung vor. Eine solche Liebe benötigt Zeit und Raum, Einlassen und die daraus resultierenden Auflösungsprozesse, die Heilungen, erfordern Freude und ebenso Hingabe. Wenn ein geiler Priester nicht mehr abspritzen kann, obwohl er nach 14 Tagen Pause seine Liebste endlich einmal fachgerecht ficken darf, dann hat er ein nachhaltiges Erleben der Veränderung hinter sich. Er heilt sein neurotisches Muster, oder vielmehr erlebt er die Welle einer Heilung in seinem unteilbaren, leiblichen Sein. Du meinst, das sei immer einfach, weil licht und positiv besetzt? Du irrst! Mittendrin ist Heilung saumäßig anstrengend, manchmal zum Verzweifeln und geschieht einfach in dir. Es ist eigendynamisch, grässlich, grotesk und erfordert die volle Hingabe. Ein nachhaltiges Gefühl des Friedens und der Erlösung tritt erst ganz am Ende ein. Ich empfehle diesen Prozess keinem und allen!

Gottesbild

Kommen wir als Pause zum Luftholen zu einem kurzen Streifzug des Lebendigen. Wir haben hier bei uns ein Gottesbild, dass uns vom Patriarchat geprägt begleitet und bis heute immer wieder steuert. Zunehmend behaupten Menschen, sie seien Atheisten und hätten damit einfach nichts mehr zu tun. Das hört sich erst einmal sehr frei an, ist es aber in den meisten Fällen überhaupt nicht. Abgesehen davon, dass sie im Rahmen ihrer Existenz immerhin auch glauben müssen, dass es so etwas wie Gott, die Quelle oder wie man es auch immer nennen mag *nicht* gibt, unterliegen sie ebenso dem alten christlichen Bild des personifizierten guten Vaters.

Ich möchte an dieser Stelle etwas ganz Anderes betrachten und ersetze unser überkommenes Bild durch das Lebendige, welches uns bewegt und berührt. Wir spüren es immer wieder, solange wir hier sind. Bei meinen vielen Versuchen, ein Gottesbild in mir entstehen zu lassen, bin ich gescheitert. Ich musste mir eingestehen, dass beim ehrlichen Blick in mein Leben vieles doch eine ganz große, menschlich fast ungeordnete Dynamik hatte und dies mich immer sehr bewegte.

Von Kindheit an lernen wir von der Welt unser Eltern, dass Sicherheit, Ordnung, Gewohnheit und viele damit verbundene Annehmlichkeiten das Leben ausmachen. Ein gut gefülltes Bankkonto schützt einen zwar nicht vor Krankheiten und anderen Schicksalsschlägen, aber es lässt einen ruhiger Schlafen, so eine der alten Weisheiten dazu.

Doch wenn wir uns einmal selbstkritisch betrachten, sind es gerade die unverständlichen, krassen Ereignisse, in denen unser Leben die eigentlich interessanten Wendungen nahm und bei denen wir uns trotz Sorge und Angst äußerst lebendig fühlten.

Unser christliches Gottesbild, aber auch das Gottesbild der Naturwissenschaft, gaukeln uns letztlich vor, wir wären save, sicher und geborgen. Unsere Erfahrung zeigt tagtäglich in etwa das Gegenteil. Was ist denn nun richtig?

Wenn wir uns also auf den Äquator zwischen Leben und Tod begeben, stellen wir fest, dass wir den Tod nicht ignorieren können. Schließen wir das Lebendige von unserem Leben aus, ist es nicht nur langweilig, sondern wir verlieren irgendwie auch unser Sein.

Wenn jeden Tag das Murmeltier grüßt und seine endlose Geschichte aus Gewohnheit und Wiederholung präsentiert, helfen auch kleine Kreationen wie Erlebnisreisen, geile Autos, Swingerklubs oder dergleichen nicht mehr weiter.

Wir fallen förmlich aus dem Leben heraus und meinen, das Lebendige hätten wir gut im Griff. Doch weit gefehlt. An der nächsten Ecke lauert es schon auf uns, überfällt uns mit einer Bandbreite der Spielarten. Ein neuer Partner, ein Unfall, ein Gewinn oder einfach der Verlust unseres Arbeitsplatzes schaffen unerwartet und vor allem unkontrolliert Lebendigkeit in uns. Oft wird dies als unangenehm, negativ, Zerstörung der Ordnung oder was auch immer empfunden. Wir versuchen dann mit allen Mitteln wieder in diese geordnete Ruhe, die etwas vom Tod hat, zurückzukehren.

Unser Gottesbild oder weniger spezifisch das, woran wir glauben, die Grundlage unseres Seins, führt uns an der Nase herum. Die Drehbuchautoren des Lebens scheinen mir manchmal regelrecht bekifft und der Stoff, den die inhalieren, ist zumindest für meine Lebensgeschichte nicht von dieser Welt. Wir dürfen das dann wiederum ganz direkt leiblich ausbaden. Genauso fühlt es sich manchmal an. Das, woran wir glauben, ist letztlich all das, was uns Sicherheit vermittelt, die Sicherheit, dass der Tod weit weg ist. Die Endlichkeit des Lebens versuchen wir zu ignorieren, solange es eben geht.

Wenn ich ein Gottesbild kreieren dürfte, wäre es wild, überraschend, lebendig, unklar und vor allem unberechenbar. Es macht was es will und erzeugt einfach eine große Erfahrungsdichte. In allen technischen Messungen, beispielsweise der Radiästhesie, musste ich dies immer wieder feststellen. Auch die Wissenschaft ist ein Gottesbild. Sie suggeriert, dass wenn wir nur genug wüssten, wir alles steuern könnten. Dabei wissen wir noch nicht einmal, warum unser Herz schlägt und woher die vielen Gedanken kommen, die sich in unserem Kopf tummeln. Wer denkt da eigentlich und ist das, was da denkt, das sagenumwobene *Ich*, welches in vielen Philosophien ebenso zu unterwerfen und abzuschalten ist?

Ich habe leiblich erfahren, dass uns das Lebendige berührt, mich ganz persönlich auf Reisen mitnimmt. Gerade in dem Moment, in dem ich das Gewebe dahinter erahnte, machte es bereits eine solche Kehrtwendung, dass ich beinahe draufgegangen wäre. Es ist wild und gefährlich und es ist die unmittelbare Möglichkeit, Erleben ganz werden zu lassen.

So ist auch die Erfahrung der sexuellen Liebe mit allen ihren Eigenarten wertfrei lebendig. Die natürliche Liebe stellt einen weiteren Teil der Möglichkeiten dar, welcher uns unendlich viel Freude bereiten kann. Bist du noch an der Stelle des geilen, spitzen Sex, dann koste es voll aus, aber vergiss nicht, das Lebendige, dein Gottesbild auch als Atheist, kann das Erleben des Momentes nicht festhalten. Es fließt frei. Versuchst du trotzdem, es zu fixieren, spürst du bereits, dass du es nicht festhalten kannst. Es entrinnt dir immer wieder und hast du es in einer Phase vermeintlich fest im Griff, spürst du bereits die Leere und das Schale daran. Es ist wie bei einem Drogenabhängigen, einem Fixer. Was lässt uns davor zurückschrecken das Lebendige zu erleben? Was haben wir jemals daran gemacht, dass die Dinge sich so entwickelten, wie wir es meinten?

Im Idealfall waren wir da, haben unser Erleben ausgefüllt, doch wie das Wort „Zufall" schon sagt, ist uns bei genauer Betrachtung vieles einfach zugefallen. Warum können wir nicht dieses kindliche Vertrauen zum Leben entwickeln, dass uns dieses Erleben so wunderbar und mystisch erscheinen lässt? Warum können wir nicht Dinge in ihrem Zauber belassen und unser Herz damit berühren, anstatt alles erklären zu müssen? In Zyklen stellen wir fest, dass die Annahmen, die wir als Grundlage unseres Wissens gesehen haben, sich sogar in der naturwissenschaftlichen Welt komplett überholten. Die Erde ist schon länger keine Scheibe mehr, aber die Funktion unserer DNA haben wir trotzdem noch nicht annähernd enträtselt.

Man könnte auch sagen: „Was erst bewiesen werden muss, ist an sich schon zweifelhaft!"

Das, was heute als legeat anerkannt gilt, ist im Grunde durch die Forschung an vielen Stellen schon längst überholt. Wir wissen es nur noch nicht.

Trotzdem bauen wir unser Lebensgebäude darauf auf und meinen etwas davon zu verstehen. Nicht nur, dass viele Inhalte sich bereits nicht mehr halten lassen, wir schützen uns mit diesem System einfach vor dem Lebendigen, vor dem Mystischen und genau das tun wir auch seit Generationen in der sexuellen Liebe. Wir trainieren Verhaltensweisen, von denen wir bereits wissen, dass sie leer und schal sind, aber wir tun dies zumindest mit großer Präzision.

Das Lebendige, welches unser Sein überhaupt erst möglich macht, welches uns atmen und unser Herz schlagen lässt, ist gleichsam das, was wir am meisten fürchten. Wir haben die größte Angst davor, uns diesem Prinzip hinzugeben, obwohl es uns sonst vielleicht gar nicht gäbe. Das ist schon verrückt. Beiße nie die Hand, die dich füttert! Warum hast du Angst vor dem Lebendigen, das dir dein Leben schenkt, an jedem Tag deines Seins, nein, in jeder Sekunde des Erlebens? Dieser Druck, der die sexuelle Liebe steuert, der uns Antrieb gibt, ist im Lebendigen nicht enthalten. Hingabe oder Aufgabe oder Akzeptanz sind die Schlüssel zum *Jetzt*, denn nur das ist existent.

Es sitzt im Himmel leider nicht der gute alte Mann mit dem Bart, der uns Gesetze erlässt, die wir nur befolgen brauchen und alles wird gut. Dort tobt das Leben, wirbelt uns durcheinander, wirft Informationen und Wirkungen in uns hinein und mischt und kugelt alles gut durch, damit unser kleines, unteilbares, wertvolles Erleben stattfinden kann. Es tut uns dabei nicht nur nichts, es erhält uns am Leben!

Das ist ein Gott, eine Energie, die ich spüre, die so gar nichts mit dem guten Vater zu tun hat, den wir uns in unserer Begrenztheit wünschen.

Aber ist dann nicht Sexualität, Unterwerfung und all das ganze Zeug auch Lebendigkeit und darf ich das dann nicht ebenso erfahren? Genauso ist es, antworte ich! Alle diese Nuancen sind lebendiges Sein, geiler Sex ist lebendiges Sein, doch das Lebendige kippt in Phasen um, eröffnet neue Spielarten und Inhalte und wir kleine Menschen sind aufgefordert, diesem Inhalt Raum zu geben. Öffne dich dem Lebendigen, denn es kann dir höchstens das Leben schenken, wie es das zu Beginn deines Seins bereits getan hat. Werde *Ganz*, liebe *Ganz*!

Ich werte Sexualität nicht ab, aber ich habe es erst einmal ausgekostet. Ich spüre auch im großen Bild, wie ein Paradigmenwechsel an die Oberfläche drängt. Wir haben fertig, wir haben ausgekostet, da geht nichts mehr und das spürst du genau, sonst würdest du längst nicht mehr lesen. Die Zeitqualität zieht uns in eine neue Richtung, wie der Wind die Wellen im Ozean bewegt, der ebenso aus Milliarden von Tropfen besteht. Unsere Systeme sind überaltert, mehrere Tausend Jahre alt und taugen nicht mehr für die neue Zeit.

Unterbrechung der Sexualität

Ich wurde im Bezug auf mein Buch gefragt, was ich einem Menschen sagen könnte, der über einen längeren Zeitraum gar keine sexuelle Liebe erlebt und ob ich mir das vorstellen könne? Dieses Buch bewegt sich hauptsächlich auf der Ebene natürlicher Liebe. Eine andere Linie mit anderen Polen ist natürlich Sexualität und keine Sexualität. Ich kann mir das nicht gut vorstellen, da ich es nicht wirklich erlebt habe und derzeit keinen Sinn darin sehe, mich damit zu befassen. Keine Sexualität hatte ich in meinem Leben nur wenige Tage und eine Langzeiterfahrung fehlt mir bisher gänzlich. Aber warum sollte ein Mensch dieses Buch lesen, wenn er gar keine sexuelle Liebe erfährt? Ich habe mit vielen verschiedenen Menschen gerne über diesen Inhalt gesprochen und immer wieder erfahren, dass die sexuelle Liebe auch ein Thema bleibt, wenn sie nicht alltäglich gelebt wird. Sie denken immer noch, es gibt wahrscheinlich ein Rezept für Sex und sie haben sicher nur versäumt, es kennenzulernen.

Gerade reifere Frauen haben nach Trennungen oder Partnerverlusten keine Lust mehr, sich auf etwas einzulassen, das ihnen nicht entspricht. Die Kompromissbereitschaft sinkt zu irgendeinem Zeitpunkt ab, da der Schmerz teilweise überschritten oder der Inhalt bereits verpanzert wurde.

Nette Freundeskreise, gut geregelte körperliche Aktivitäten und familiärer Austausch erschaffen beispielsweise ein Programm, was diesen Teil scheinbar recht gut kaschiert. Ich habe zwar keine sexuelle Liebe, aber dafür ist sonst alles recht harmonisch, so könnte eine zusammenfassende Antwort lauten. Oder es ist zumindest besser als früher.

Aber auch: Der Bereich wird überbewertet, man kann ganz gut ohne leben. Besser gar nicht, als so wie bisher. In meinem Empfinden konnte ich bei präziser Fragestellung allerdings immer wieder feststellen, dass eine tiefe Sehnsucht nach körperlicher Liebe vorhanden ist und diese auch artikuliert wird. Durchbricht man das einstudiert klingende „Bei mir ist alles in Ordnung, bei mir braucht keiner gucken" zeigt sich dieser Punkt meistens überdeutlich. Es fehlt nur etwas Wesentliches: Der Partner, mit dem ich all das erleben kann.

Gleichlautend ist aber ebenso die ehrliche Antwort, dass dies nicht um jeden Preis erlebt werden muss. Man wartet scheinbar auf die richtigen Umstände und das finde ich beachtenswert. Wird hierin meine Sichtweise unterstützt, die Schutzmechanismen und eigenen Bauchgefühle achtsam zu erleben? Für mich fühlt es sich so an und ich wünsche mir, dass ein solches Erleben immer wieder eintritt. Ich beobachte auch bei mir folgenden Aspekt: Wir suchen etwas ganz Bestimmtes und es will einfach nicht eintreten, es zeigt sich nicht. Wir sind traurig, sauer, wütend oder was auch immer, aber es zeigt sich trotzdem nicht. Wir geben uns mit dem zufrieden, was ist und es zeigt sich immer noch nicht. Irgendwann verschwindet dieses Thema aus unserem Fokus, wir können es nicht mehr fühlen. Wir haben es scheinbar vergessen oder sind in Akzeptanz damit, da wir unsere Hoffnung, es zu erleben, begraben haben.

Und dann tritt es ein! Nicht so, wie wir es uns vorgestellt haben, oft verkappt mit einem eigenartigen Kleidchen darüber, aber es tritt ein. Das ist ganz unabhängig davon, wie alt man ist. Meistens ist es damit verbunden, das Thema vorher aufgegeben zu haben.

Warum ist das so? Wenn du dem Glück immer hinterher rennst, wirst du es nicht finden. Wie Windhunde rennen wir einem Hasen hinterher, den wir niemals erreichen können. Er baumelt in sicherem Abstand vor unserer Nase und dieser Abstand bleibt fix. Erst in dem Moment, wenn wir stehen bleiben und das Gerenne aufgeben, kommt er zu uns, entsteht der Raum für die Umsetzung. Der Hase ist ja nur ein Symbol für das, was uns antreibt, für diesen Vorgang der inneren zwanghaften Bedürfnisse.

Wir suchen echte Liebe, Freiheit und haben Vorstellungen, wie das auszusehen hat. Das wollen wir und genau das finden wir eben nicht. Gerade in der natürlichen Liebe der Königskinder benötigen wir ein Gegenüber, welches uns durch seine Art des Seins und Fühlens mit auf den Weg nimmt. Es hat also nichts mit unserem Bild zu tun, sondern mit einer präzisen Passung, die wir nicht machen, finden oder erreichen können. Wie viele Paare quälen sich über Jahre mühsam durchs Leben und kommen niemals an den Punkt, in ihrem Zusammensein Frieden zu empfinden. Und wie viele davon bemühen sich im Guten darum, die Inhalte zu verbessern.

Folgende Szene aus dem Film „ Wenn Träume Fliegen lernen": Ein verheirateter Mann hatte eine Frau kennengelernt, mit der er die tiefsten inneren Bereiche erleben konnte, die aber gesellschaftlich unangemessen war. Es war ihm egal, er gab diesem Sein Priorität. Seine Ehefrau trennte sich von ihm. Beim letzten offenen Gespräch sagte sie ihm durchaus vorwurfsvoll, dass sie ebenso gerne mit ihm an diese Stellen gegangen wäre, er sie aber nicht mitgenommen hätte.

Er sagte daraufhin, dass er sich immer gewünscht hatte, sie dort mit hinzunehmen und alles dafür getan hätte. Es war nur nicht darin enthalten gewesen! Bestimmte Stellen des Erlebens sind nicht für alle gleichsam zugänglich. Es geht einfach nicht.

Das ist auf den Punkt das Erleben vieler gutmütiger Bezieher, die alles dafür tun würden, das Gegenüber an und in sich zu lassen. Auch an die geheimen Orte des Herzens und andere Plätze, die noch keinen Fremden gesehen haben. Nur, dass es leider in dieser Beziehung nicht enthalten ist. Da schreit der wissenschaftsgläubige Atheist auf – was für ein Unsinn, das kann doch nicht sein. Es kann nicht nur nicht sein, sondern genauso ist das Leben. Die Aufgaben, die wir miteinander zu erledigen haben, sind einfach schwierig und dazu noch wertfrei unterschiedlich!

Wenn du mit deinem Partner trotz Bemühen an bestimmte Stellen, die wichtig sind, nicht hinkommst, warum sagst du ihm das nicht? Warum sprecht ihr nicht aus, was euch bewegt, warum öffnet ihr nicht eure Herzen? Weil sich vieles nicht gehört, sagte unlängst ein Freund. Wir haben ja auch vereinbart, uns Hosen über die Genitale zu ziehen und nicht nackt rumzulaufen, so die Begründung knapp. Und im Gegenzug schauen Millionen von Nutzern im Internet Kinderpornos, so meine Antwort. Die haben aber tagtäglich bestimmt schöne Hosen über ihren Genitalen und sind damit save und sauber.

Wann können wir endlich ehrlich mit uns sein? Wie oft wollen wir diesen Christus, der keinem was getan hat, in uns noch umbringen? Wie oft wollen wir unsere Gefühle dazu noch ignorieren und die Grenzen unseres Erlebens auf eine unnatürliche Weise verdrehen?

Denen, die aktuell aus welchem Grunde auch immer keine sexuelle Liebe erleben sei versichert, dass diese grundsätzlich für sie in dieser Welt vorhanden ist. Den Frauen, die vom Bild des unattraktiven, selbstsüchtigen Mannes genug haben sei gesagt, dass auch hier das passende Gegenstück schon in der Welt ist. Meistens ist es bereits da, oft direkt vor der Nase. Lerne einfach, deinen Gefühlen zu vertrauen. Lerne einfach nicht als süchtiger Fixer einem Bild nachzuhängen, sondern das Lebendige herein zu lassen und willkommen zu heißen!

Dieses Buch ist auch für die geschrieben, die keine sexuelle Liebe erfahren. Du darfst dir selbst trauen. Diese tiefe Sehnsucht nach einer andersartigen Liebe existiert und auf dieser Ebene sind keine Kompromisse notwendig, egal ob du 15 oder 85 Jahre alt bist. Das spielt keine Rolle und das meine ich genau so.

Wir glauben dabei immer ganz genau zu wissen, was bestimmt alles nicht mehr für uns vorgesehen ist oder genau für uns vorgesehen ist, obwohl wir doch so wenig von uns und dem Leben wissen. Dieses Wissen der Kinder, der noch unbeschadeten Kinder, wurde uns zugunsten einer angeblichen Lebensfähigkeit abtrainiert und da stehen wir nun in unserem kurzen Hemd und ratlos über diesen erstarrten Zustand unseres Seins.

Wenn du die Beschreibungen der natürlichen Liebe wirken lässt, wenn du hinein fühlst und diesen Abdruck erfährst, kannst du wieder sicher wissen, dass dein Bauch dir den rechten Weg weist. Und wenn dir jemand sagt, dass es hoffnungslos wäre, dann schicke ihn fort oder lache ihn aus, denn dein Leben ist unteilbar deines und keine sich selbsterfüllende Prophezeiung der geballten Langeweile.

Kommen wir bei uns selbst an und glauben nicht mehr das, was irgendeiner darüber meint, sind wir unser eigener Guru, bräuchten solche Bücher nicht mehr geschrieben werden. Wir würden uns gegenseitig befruchten! Nicht-Sexualität, oder genialer, Non-Sexualität ist sozusagen der Gegenpol zur tiefsten, geilen Sexualität. Damit erzeugt sie in meiner Sicht genauso Neurosen und verdrehte Muster, wie die kompliziertesten Spielarten der Sexualität. Dies sind letztlich alles Panzerungen.

Wir bauen eine Schutzmauer um unser Selbst und empfinden Einsamkeit, die in beiden Polen meistens sehr stark ausgeprägt ist. Diese Einsamkeit ist gerade in zunehmendem Alter durchaus problematisch und hat nichts damit zu tun, ob ich einen großen Freundeskreis habe oder sonst etwas bewege. Es hat damit zu tun, wem ich mich so zeigen kann, wie ich bin. Wenn ich das noch nicht einmal vor mir selbst kann, wie soll ich mich dann jemand anderem offen zeigen? Oder habe ich es gar verlernt, mich selbst wahrzunehmen?

Zurück zur natürlichen Liebe

Die natürliche Liebe ist wie eine Art Aufhebung der Programmierung, wie ein positiver Kurzschluss. Die Energie wird in der Literatur in Ausschnitten erwähnt und hat dort eigene Wirkungen. Kundaliniauslösung, Lichtkörperprozess, Bewusstseinssprung, eine neue Dimension oder wie das alles heißt. Natürlich kenne ich die einzelnen Denkwelten dahinter genau und habe selbst leiblich mit vielen wirkungsvoll gearbeitet. Eine Menge Erfahrung, aber auch Ernüchterung, ist dabei übrig geblieben. Viele Systeme versuchen über das Zerlegen dieses kleinen Menschen und die Aufarbeitung der Probleme Frieden zu schaffen. Der Effekt ist immer gleich: Menschen bekommen Erklärungen dafür, warum es ihnen so geht, wie es ihnen eben geht, doch geändert hat es letztlich gar nichts. Bedenkt man, wie viel Energie in Form von Bezahlung hinter den allinklusiv Gesundheitssystemen fließt, wundert man sich durchaus über den geringen Wirkungsgrad. Nichts anderes auch im esoterischen Bereich.

Oft behandeln dort von der Welt frustrierte Menschen andere Problemfälle mit Methoden, die weder fundiert erlernt noch angewendet werden. Dafür ist dieser Bereich ähnlich unangreifbar, wie viele der überholten, legeaten Welten der Naturwissenschaft. Oder hast du schon einmal versucht, dich in einer Engelswelt argumentativ auseinanderzusetzen? Das bleibt frustran und der Reiz an diesen Stellen besteht darin, dass die Esoterik sicher und fast unangreifbar ist, denn sie gleicht einer genialen Fluchtburg. Eine Kultur gegenseitigen Lernens und Wirkens ist dort weit weniger verbreitet, als in der Industrie.

Ich kenne die Gefühle dazu alle selbst nur zu genau und das *Ich* in Form des Verstandes frohlockt dabei!

Nach meiner Erfahrung ist insbesondere wirkungsvoll, was lebendige Ganzheit schafft. Ein einfaches Beispiel aus dem esoterischen Bereich: Ganze Horden von Berufenen kümmern sich mittlerweile um Inkarnationsreisen, deren Interpretation und Anbindung an das Leben. Dabei werden Menschen teilweise zerlegt, mit virtuellen Traumata konfrontiert und zur Belohnung verstehen sie ihr Elend nun viel besser. „Mit dem und dem habe ich noch eine Rechnung offen, weil ich da einmal das und das erlebt habe".

Begeben sich die Betroffenen dort hinein, bekommen sie Hoffnung auf Heilung, um meistens hinterher festzustellen, dass sich ein Fass ohne Boden eröffnet. Es ist das Trichterprinzip, nur umgekehrt. Die punktuell verdichtete Problematik wird breit eröffnet, um dann so viele Themen nachrutschen zu lassen, dass eine Heilung nicht nur nicht eintritt, sondern von mindestens 100 neuen Themen im Keim erstickt wird.

Oder ganz einfach – es hört nie auf und davon ernährt sich ebenso eine ganze Industrie! Das ist nicht viel anders, als in unserem Gesundheitswesen, fühlt sich aber viel wertiger an. Wenigstens erfolgt hier die Bezahlung meistens direkt.

Was ich empfehle? In allen diesen Denkwelten gibt es einzelne Bausteine, die auf Ganzheit und Heilung ausgelegt sind. Nehmen wir für die Reinkarnationsreisen ein Beispiel, das Tempelritual von Thomas Young. Auf einer einfachen und bezahlbaren CD wird hier die Grundlage geliefert, eine präzise und nachhaltige Heilung zu erleben.

Dies erspart nicht nur Zeit und Energie, sondern ermöglicht die Erfahrung der Heilung in so einem Bereich. Young arbeitet hier auf der Körperebene sieben Generationen in Liebe auf und führt zum eigenen Sein und seinen Inhalten zurück.

Die natürliche Liebe beinhaltet in ihrer Energieform alles, was du dir auch nur entfernt zu Heilung vorstellen kannst. Alle deine wunden Punkte, deine Verletzungen und Aufgaben werden energetisch auf eine machbare Weise berührt und einer Heilung unterzogen. Dies aber so umfassend, dass du ansonsten in allen Lebensbereichen Hunderte von Spezialisten bräuchtest, die nur Teilaspekt davon sehen und begleiten. Es ist eine zentrale Zugangsstelle im menschlichen Sein.

Die Liebe als Allheilmittel?

Genauso ist es. In dieser Art der königlichen Vereinigung entsteht ein so feines und kohärentes Energiefeld, also eine Strahlung verdichteter Information, dass die Liebenden davon tief berührt werden. Was ist das Geheimnis dahinter? Du und ich haben gelernt, dass wir uns abgrenzen, schützen und verteidigen müssen. Wir lernen, unsere Interessen an die oberste Stelle zu setzen. In der groben Weltsicht heißt das auch heute noch, dass der Stärkere gewinnt und irgendwie wollen wir ja alle zu den Gewinnern gehören. In der weichgespülten Sicht der äußeren Esoterik könnte man verträglicher sagen, dass du dich erst einmal selbst lieben darfst, damit es auch andere können. Dieser Ansatz klingt dann zumindest deutlich besser, als das brutale Fressen und Gefressen werden.

Ganz anders dagegen ist die Liebe definiert. Die Verbindung, die Zuneigung oder das Gefühl bleiben sogar aufrechterhalten, wenn eigene Interessen dabei beeinträchtigt werden. Liebe bedeutet, das Gegenüber auch zum eigenen Nachteil mit Energie zu versehen oder diese frei zu verschenken. Diese Form der Liebe ist im realen Leben dann eher unbekannt. Zeigt sie sich, finden das die Beobachter meistens bedenklich oder gefährlich. Ist ein Mensch untrainiert damit, kann es ihn regelrecht zerreißen. Bücher über Energievampirismus oder ähnliche zeigen ein deutliches Bild.

Wir haben gelernt, uns nicht gänzlich zu öffnen, uns zurückzuhalten oder unseren Verstand dafür einzusetzen. Wenn mich etwas schmerzt, wenn es zu meinem Nachteil ist, dann umgehe ich es eben.

Oder wie einer der erfolgreichsten Coaches der Bundespolitik mir einmal sagte – sag immer die Wahrheit, aber niemals die ganze Wahrheit. Das sind die Weisheiten, mit denen sich Persönlichkeiten des öffentlichen Lebens programmieren. Haben wir also gelernt, unseren Schmerz zu verdecken, haben wir einen feinen Panzer aufgelegt, dann sind wir in dieser realen Welt einfach besser dran. Nichts wirft uns um, wir haben auf alles eine Antwort und gelten als erfolgreich, omnipotent und immer unverzagt und optimistisch. Ich weiß es genau, da ich das Muster viele Jahre hochgradig erfolgreich gelebt habe.

Als ich mit ca. 7 Jahren mit feiner Ablehnung meiner Umgebung zu tun hatte, die mich nicht mehr so vorbehaltlos und vollständig lieben wollte, wie ich das gewohnt war, kreierte ich folgenden Ausspruch: „Weiß ich schon, macht nichts." Und der setzte sich gnadenlos durch. Man könnte heute auch sagen, ich stehe für eure Gefühle nicht mehr zur Verfügung. Mit diesen und vielen anderen fast schwarzmagischen Schutzinhalten panzern sich heute unsere Herzen und unsere Seelen. Wir wundern uns, dass Herzerkrankungen und andere Abweichungen gesellschaftlich dramatisch zunehmen. Der Zusammenhang ist einfach zu einfach.

Die natürliche Liebe durchbricht diese Schutzschilde auf eine geradezu subtile, fast unmerkliche Weise. Währenddessen klassische Therapien oft wirksam zur Funktion zurückführen wollen und sich dabei immer wieder als leer und zum Scheitern verurteilt erweisen, ist die natürliche Liebe in allen Belangen komplex auf das individuelle Erleben abgestimmt. Keine Standards, keine legeate Vorgehensweise, sondern bloße leibliche Erfahrung sind die Grundlage. Wir fordern dazu auf, die natürliche Liebe einfach immer wieder zu machen.

Diese Liebe enthält bereits eine Anziehung der königlichen Kinder, die alle unsere erlernten Verhaltensweisen einfach außer Kraft setzt.

In dieser Art der Wahrnehmung können wir unsere anerlernten Verhaltensweisen nicht mehr zur Anwendung bringen, weil wir uns damit selbst extreme Schmerzen zufügen. Die weitverbreiteten Fluchtinstinkte auf Basis einer viel beschworenen Freiheit nach dem Motto „ich kann mit dir nicht mehr leben, du schränkst meine Freiheit so ein", zerplatzen im Bruchteil einer Sekunde und lösen sich in Liebe auf. Menschen, die dieses besondere Gefühl vollständig erleben, schildern immer wieder, dass sie Verhaltensweisen an sich erleben, die sie vorher für undenkbar oder mit dem Satz „das bin ich nicht, das macht man nicht mit mir", weggewischt hätten. Es gelingt ihnen einfach nicht mehr. Das geht so präzise, dass beide Partner im Verlaufe eines Zyklus von bis zu 7 Jahren an alle für sie relevanten Stellen kommen, diese anschauen und davon erlöst werden.

Viele unserer Persönlichkeitsmuster erscheinen uns plausibel, fest und unverrückbar. „Ich bin eben so und akzeptiere mich dafür", so die schnelle Zusammenfassung. In der natürlichen Liebe findet eine Erlösung dieses „ich bin eben so" statt. Danach sind die Eigenschaften noch vorhanden, aber sie üben keinen Zwang mehr aus. Ein kleines Bild dazu von mir.

Wie bereits beschrieben war einer der größten Antriebe in mir die Sexualität oder die sexuelle Liebe. Blanke Sexualität ohne Liebe habe ich nicht erlebt. Du dürftest schon erfahren, wie sich dieses Muster nachhaltig in mir auflöste.

Zwei weitere ebenso großer Antriebe waren Bewegung und Kommunikation, symbolisiert durch den Besitz von etlichen Youngtimern und auch mechanischen Uhren. Diese Gegenstände, die mich immer noch begeistern, begegnen mir immer wieder und erscheinen als Beiwerk in meinem Erleben. Früher musste ich Autos, Motorräder und Wohnmobile fast zwanghaft an- und verkaufen, ich hätte es mir nicht einmal aussuchen können. Sie zeigten sich oder übten eine Resonanz auf mich aus, der ich ungefiltert nachgab. Ich gab mich hin, immer wieder ein schöne Erfahrung. Heute ist ein geballtes Wissen aus diesem Bereich übrig geblieben, das Menschen erstaunt. Doch außer der Freude am Erleben solcher Bewegungssymbole ist nichts mehr davon übrig geblieben. Der Zwang verdampfte regelrecht.

Müsste ich jetzt ein Fahrzeug erwerben, eine mechanische Uhr empfehlen oder was auch immer, dann wären sämtliche Begabungen und Erfahrungen sofort ohne Einschränkung frei verfügbar. Ich muss es nur nicht mehr zwanghaft erleben. Im übertragenen Sinne sind die Fahrzeuge das Symbol für den dringenden Wunsch nach ständiger, mechanischer Bewegung und spiegeln gleichsam das Bedürfnis, darin Frieden zu finden. Da ich dies ausschließlich mit besonderen und seltenen Gegenständen erlebt habe, kommt auch die Individualität zum Ausdruck. Ich war also nicht im Frieden und versuchte es zu kompensieren.

Nach dem Erleben der natürlichen Liebe verblasste dieser Ansatz zusehends, obwohl ich sowohl Zeit als auch Mittel gehabt hätte, diesen Teil jetzt besonders intensiv zu leben. Es war nicht notwendig, da keine Not mehr darin enthalten ist.

Diesen Prozess nennen wir Reifung, Erlösung, Aufarbeitung, Erkennen, Akzeptanz oder so ähnlich. Ich stelle die Behauptung auf, dass diese Form der Vereinigung eine umfassende Therapie zur Reifung des Menschen in natürlicher Form enthält. Anders, als bei allen anderen mir bekannten Reifungsprozessen, sind alle Ebenen wie Körper, Seele, Geist bereits enthalten und darüber hinaus ist es eine Form der Ganzheit.

Noch einmal: Die natürliche Liebe ist eine umfassende Form der Heilung, Gesundung und Reifung auf allen mir bekannten Ebenen. Heute fahre ich möglichst täglich ausgiebig mit dem Göttergefährt. Darin sind alle meine echten Bedürfnisse bereits enthalten. Was ist an diesem Ganzheitsansatz so entscheidend?

Das Prinzip der Zerlegung

In den alten Philosophien ist oft die Polarität von Gut und Böse der Startpunkt der Betrachtung. Dabei wird ein ganzes Erleben, eine komplette Wahrnehmung so lange zerlegt, bis nur noch Bruchstücke vor uns liegen, die wir dann endlich einer effektiven, anhand fester Kriterien bewertbarer, Beurteilung unterziehen. Damit schaffen wir Strukturen, die uns suggerieren, wir wären in Ordnung, save und nicht mehr verkehrt.

Das Prinzip ist uns als Aufspaltung in den meisten mechanistischen Ansätzen vertraut. Wenn wir nur alles zerlegen, betrachten und verstehen könnten, wären wir die Götter in unserem Sein.

Diesen Inhalt finden wir in der Mechanik, in der Medizin, in der Psychologie, in der Theologie, natürlich vor allem auch in der Esoterik und überall um uns herum. Wenn wir nicht mehr wissen, wie es weiter gehen soll, brauchen wir einen Spezialisten, der es eben weiß. Lösen wir das sichtbare Symptom, so meinen wir, lösen wir auch das Problem. Wir wissen aber aus unserer Lebenserfahrung, dass dem nicht so ist. Nehmen wir ein banales Beispiel. Ein Mensch versucht über einen Zeitraum von 20 Jahren abzunehmen. Dabei probiert er eine Vielzahl an Diäten und Ansätzen und hofft jedes Mal, endlich schlank, attraktiv, gesund und heil zu werden. Die Welt wäre ja eine andere, wenn er dieses Ziel endlich erreichen, wenn er diese Fragen in den Griff bekommen würde. Dann wären natürlich auch seine Sexualität, seine Partnerschaft und vieles andere einfach gut. In den vielen Jahren probiert er alles aus, was ihm begegnet, nur führt es außer Gewichtsschwankungen und Jojo-Effekten zu nichts.

Eines Tages gibt ihm jemand einen programmierten Stein, den er immer mit sich führen soll. Darin sind Informationen eines Geistheilers enthalten, die eine Gewichtsabnahme ermöglichen sollen. Kaum hat er diesen Stein bei sich, verändert sich seine Einstellung zum Essen. Er bewegt sich mehr, hat abends nicht mehr so viel Hunger und sein Wissen aus 20 Jahren Diäterfahrung setzt sich fast automatisch um. Er nimmt ab und tatsächlich verändert sich auch sein Leben drumherum deutlich. Dieser Erlebende ist davon überzeugt, dass der programmierte Stein ursächlich für seine Gewichtsabnahme ist, und empfiehlt diesen überall mit dem bekannten Ergebnis, dass der Erfolg oder vielmehr die Wirkung bei Anderen sehr unterschiedlich ist.

Kommen wir zu einem weiteren Beispiel, um präzise zu fühlen, wie wir wahrnehmen. Ein Wissenschaftler beobachtet in einem lang anhaltenden Versuch das Verhalten eines Autoreifens. Im Abstand von wenigen Wochen besucht er einen Autofahrer und schaut nach den Reifen. Er protokolliert den Zustand dieses Verschleißteils für 15 Monate sehr genau. Dabei stellt er fest, dass nach der Zeit und einer Fahrstrecke von ca. 7500 km leichte Abnutzung erkennbar ist, aber keine Defekte zu verzeichnen waren. Er zieht folgenden Schluss: Autoreifen halten defektfrei bei leichter Abnutzung. Defekte sind objektiv nicht zu erwarten.

Wenn wir die Welt nur weit genug zerlegen und objektive Kriterien anlegen, dann können wir jede unserer Fragen mit durch Studien zertifizierte Wahrscheinlichkeit beantworten und das ist dann die legeate, also professionell zulässige Antwort.

Natürlich kann der Autoreifen am nächsten Tag einen Defekt erleiden und natürlich könnte es auch sein, dass bei der Diäterfahrung die Zeit einfach reif war. Aber wir nehmen es eben anders wahr. Wir betrachten ja zur medizinischen Beurteilung von Blut auch totes Blut, weil das genau unser gesellschaftlicher *Standpunkt* ist. Oder um es mit einem modernen Buchtitel zu sagen: „Chemotherapie heilt Krebs und die Erde ist eine Scheibe". Die mechanische Denkwelt gibt einem Sitzenden, also einem der *fest-sitzt* die Möglichkeit, vermeintlich zu *verstehen*, also aus einer festen Position zu beurteilen. Damit fühlen wir uns sicher und überlegen.

Genauso ist es in der sexuellen Liebe. Zerlegen wir dieses höchst komplexe, bezaubernde und mystische Erleben in Vorspiele, Kurven und Studien, gibt es eine Erregung, einen kontinuierlichen Weg des Wachstums auf dieser Kurve und am Ende einen Orgasmus, der den Erlebenden befriedigt und nachdem eine Ruhepause einzutreten hat. Die Erektion ist dann vorbei, die Ruhe notwendig und zwischen diesen ganzen Teilaspekten eine Harmonie zu erzeugen, ist die Aufgabe eines guten Liebhabers.

Die Vereinigung von Mann und Frau, die Vereinigung von Königskindern, hatte und hat zu jeder Zeit auch das Potenzial, neben der Fortpflanzung, vor allem Heilung, Entwicklung und natürliche Gesundheit erlebbar zu machen. Dabei ist dieser Vorgang vollkommen individuell, also unteilbar an die Erlebenden gebunden und von geradezu mystischer Schönheit.

Eine weitere Szene des Erlebens

Nach so viel Theorie dann wieder einmal die Schilderung einer natürlichen Liebe in ihrer Einfachheit. Der Abdruck ist an dieser Stelle bedeutsam. Es ist gleichsam wild und ruhig, es ist heftig und ohne jeden Ausschlag, es ist ohne jegliche Erregung und total verzückt, es ist Sein und vollkommene Versunkenheit, es ist *Eins*.

Ich besuchte meine liebste Königin an einem Sonnabend schon eher am Abend, um die Nacht mit ihr zu verbringen. Erst einmal freuten wir uns wahnsinnig, weil dieses Erleben in unserer damaligen Lebensaufstellung eher selten möglich war. Also bereits die Nacht miteinander zu verbringen, löste tiefe Gefühle von Wonne und Freude des Herzens aus. Ich weiß noch wie heute, als ich das erste Mal mit ihr unter einer Decke steckte. Es war in einem alten Bus und unglaublich schön, geradezu tief berührend. Die Wahrnehmung des Lebens bei einer solchen Liebe steigert sich enorm, das Erleben auch von Kleinigkeiten wird sehr intensiv. Zurück zum Sonnabend.

Als ich bei ihr ankam, redeten wir vertieft über uns und unsere Gefühle und freuten uns einfach miteinander über dieses Sein. Wir genießen oft jede Sekunde, ob redend oder schweigend. Nach einiger Zeit zogen wir uns wie nebenbei aus, legten uns nackt aufs Bett und genossen den gegenseitigen Anblick. Alles ganz natürlich fließend, unaufgeregt, fast banal. Sie hatte etwas zugenommen, war an vielen Stellen ganz rund und weiblich in der Ausstrahlung. Ihr mächtiger Oberkörper, das breite Kreuz, die herrliche Taille, diese weiche, warme leicht gebräunte Haut, die kräftigen Beine und ihre große, einladende Scham...

Ich könnte immer weiter davon schwärmen, so ist eben meine Wahrnehmung der Königin... den Busen muss ich bitte noch erwähnen, der ganz weich und leicht hängend seine besondere Schönheit entfaltet und mich mit seinem Ausdruck über den gesamten Oberkörper immer tief berührt. Die vielen Falten und Fältchen des Lebens, welche ihr diesen Ausdruck von Lebendigkeit geben, einfach wunderschön und ihr ergeht es mit mir ähnlich. Der Busen ist eben eine gute, pralle Handvoll und möchte gerne liebkost werden. Ich hatte gerade gute 40 kg abgenommen, ganz stressfrei, war glatt und schier, wie sie zu sagen pflegte und mein ebenso breiter Oberkörper mit diesem großen, betonten Brustkorb – ich glaube, sie litt nicht weniger, wie sie sagte. Und natürlich nicht zu vergessen, der um die Vorhaut befreite Schwanz, der bereits gut gefüllt und vollkommen weich und ruhig daliegend seine eigene Kraft ausstrahlte. So nahmen wir uns wahr.

Ich hätte meine Königin so etwa auf 15 Jahre alt geschätzt, denn diese Strahlung ihres Gesichts, diese besondere Durchblutung, diese großen, offenen und bodenlosen Augen, diese herrliche Scham. Sie strahlte wie ein Glühwürmchen an einem warmen Sommerabend, welches frei und lebendig alles genoss. Sie legte sich, die Beine weit und entspannt geöffnet, auf den Rücken, die Kissen bequem unter den Kopf gelegt, damit ich jedes Detail an ihr Betrachten konnte. Vorspiel? Da wir zumindest kein Schauspiel veranstalteten, entfiel dieses zugunsten eines warmen, heftigen Stroms der natürlichen Liebe und dieser Teil der Beschreibung gehört genauso zum Erleben.

Zu diesem Zeitpunkt waren wir schon ganz ineinander versunken, nichts störte unsere Aufmerksamkeit, nichts an uns war woanders.

Ich nahm ganz langsam und behutsam das Öl zur Hand und glitt damit in langsamen, tiefen und liebevollen Bewegungen über ihren wunderschönen Körper. Dabei gab es keine Erregung, kein Drängen, kein Ziel, außer sie wahrzunehmen und zu fühlen. Diese Art des Fühlens zieht ein Sehen nach sich, das ein normaler Mensch sicher kaum begreifen kann. Er könnte es nicht besitzen, sondern nur erleben! Jede kleine Falte wird bei diesem Streicheln der Seele erkannt, jede Nuance des Körpers erlebt, die Strahlung geht bereits durch und obwohl noch nicht körperlich genital verbunden, hat die Seele Eintritt gewährt. Es beginnt auf der Ebene des Geistes, mit einem tiefen Gespräch über das Leben, mit Freude daran. Fast fließend verbinden sich in der Annäherung die Seelen um dann später aus einem natürlichen beidseitigen Bedürfnis, einer tiefen Sehnsucht, einfach einzustöpseln und die Körper zu verkugeln.

Ich gleite mit den Händen, die starke Energie freisetzen, über ihren Körper, berühre die schönsten Stellen, die sich bunt auf dem Körper versammeln. Ich streiche über die kräftigen Oberschenkel, auch innen, die ich sanft dabei umkreise, deren Ausstrahlung ich aufnehme. Jede lange Körperfalte wird ausgiebig geglättet, mit Berührung verwöhnt. Immer wieder halte ich sanft auch ihre Scham, ohne Drängen, nicht klitoral, eher nährend, wie ein Sichern mit der gesamten Handinnenfläche, dem Energiezentrum der Mittelhand. Dabei findet in der ausgeprägten, natürlichen Liebe keine klassische Erregung statt. Ich sehe sie als meine wunderbare Königin, sehe die Spuren des Alters, die Besonderheiten ihrer individuellen Erscheinung, also ihre königliche Strahlung und empfinde tiefe Schönheit und liebe sie dabei. Jede Falte ist bereits von mir geliebt.

Immer schon hatte ich mich danach gesehnt, einem Menschen auf dieser Ebene, auf jeder Ebene so nahe sein zu können. Zeit spielt in diesem Zusammenhang keine Rolle. Manchmal werden 45 Minuten wie mehrere Stunden empfunden und genauso sind Stunden der Liebe zeitlos. Betrachtet man die Wahrnehmung, ist diese ohne Ablenkung gänzlich im Jetzt. Wer auch immer in dir und mir sonst Geschichten erzählt, er ist befriedet, nein, überwältigt von diesem Erleben, er ruht. Es ist in diesem Moment der natürlichen Liebe durchgängig reines *Sein*. Das ist unbeschreiblich schön. Nach einiger Zeit legen wir uns fließend ineinander, wir stöpseln ein. Es ist dann einfach so. Mein Schwanz hängt prall gefüllt in vollkommener Ruhe und die Erektion ist gerade so stark, dass ich weich und fließend einstöpseln kann.

Wir liegen manchmal gerade auch zu Beginn der Vereinigung völlig ruhig da, weil die Energie, die Intensität der Art hoch sind, dass dieser Genuss nicht unterbrochen werden möchte. Die Scheide, nein, der gesamte Mittelkörper der Königin ist so entspannt, dass ich ganz in sie einstöpseln kann. Dabei ist eine Tiefe möglich, die wir im Erleben für unfassbar hielten. Die Genitale rutschen einfach unaufhaltsam tiefer, wie ohne Grenze. Die Königin liegt dabei vollkommen entspannt auf dem Rücken, leichte unwillkürliche Bewegungen, die eine schlangenartige Struktur der Lende zeigen, umspielen unsere Körper und es schreit oder stöhnt uns sanft, was ich die Melodie der Liebe nenne. Ich liege seitlich verdreht auf oder vielmehr in ihr und schaue ihren gesamten Körper voller tiefer Freude an. Dabei spielen eben Augen und Kopf eine ganz wichtige Rolle, weil der Geliebte wahrgenommen werden möchte. Es ist unsere Wahrheit oder unsere Wirklichkeit.

Wir zeigen uns in diesen Momenten alles, alles, was wir sind und fühlen. Manchmal umspielen die Zungen die Münder, bekommen die Lippen diesen einzigartigen Ausdruck, den ich Liebesmund nenne und der im Alltäglichen niemals sichtbar ist. Es schreit einen einfach ganz frei durch den Hals. Zeitweise stöpseln sich dann die Münder aneinander, ganz tief und zart. Die Intensität war auch an diesem Sonnabend durchgehend so groß, wie bei der Sexualität direkt nahe dem Orgasmus. Das macht dann auch das Lied der Liebe wie einen Gesang, wie eine Komposition der Liebe, die niemals während der natürlichen Vereinigung aufhört.

Für mich war es auch erstaunlich, dass es sich manchmal nicht unterscheiden ließ, wer in wem war. Meine Königin stöpselte in mich ein, obwohl sie gar kein Genital dafür hat... eigenartig und unendlich schön. Während dieses Erlebens wird so viel berührt, ist der Erlebende so Eins mit diesem Sein, das Heilung oder Erlösung auf einer Ebene stattfindet, die ich schwer beschreiben kann. Dabei wechseln körperlich Phasen vollkommener Bewegungslosigkeit ineinander mit Phasen heftiger Bewegung. Eine Besonderheit sind die unwillkürlichen, ganz feinen Zuckungen, die wallend und rhythmisch aus der Mitte des Körpers fließen und beide Körper zutiefst ineinander versinken lassen. Diese feinen Vibrationen sind aus dem Bauchtanz bekannt und mit nichts vergleichbar, was in guter klassischer Sexualität mechanistisch erlebbar ist. Naturvölker und in der körperlichen Vereinigung freie Menschen erleben diese Liebe fließend. Man spricht dann oft von einer Gefahr der Hörigkeit, die aus diesem überwältigendem Erleben entstehen kann. Ich verwende das Wort Hingabe, da es mir näher erscheint.

Die Königskinder sind auf allen Ebenen offen füreinander, sie erleben diese Vereinigung als heiligen Akt. Währenddessen streichle ich sie unaufhörlich, sie lässt ihre Hand auf meinem Herzen ruhen, verwöhnt meine Brustwarzen mit sanften Bewegungen und ich knete ihre weichen Brüste durchaus kräftig, wie sie es als angenehm empfindet. Manchmal nehme ich ein wenig Öl dafür, dann ist es noch feiner und der Geruch bestimmter Substanzen speichert sich wie ein Abdruck dieser Liebe ganz tief in uns. Taucht dieser Geruch irgendwo wieder auf, ist das gesamte Erleben, diese warme Liebe sofort überfließend da.

Niemals wird ein Schmerz fühlbar, niemals wird eine Grenze grob tangiert. Alles geschieht fließend, ganz weich und achtsam. Dann setzt sie sich auf mich, ganz langsam und ich strecke mich ebenso lang aus, verzückt, ihre Brüste aus dieser Perspektive sehen zu können. Ich nuckle ganz sanft an ihren Brustwarzen, lecke intuitiv durch die Achselhöhlen und unser Geruch macht sich ganz breit im Raum. Ich lecke an ihr, nicht ihre Scheide, sondern ihren Körper unter den Achseln, am Hals und er schmeckt schön, ganz intensiv und eigen. Die darin enthaltenen Hormone und Bestandteile tragen mich sanft hinfort. Sie beugt sich herunter, leckt leicht über meinen Hals, knabbert ein wenig, beißt niemals, sie bleibt sanft. Auf mir bewegt sie ihre Scheide. Es fühlt sich an, als ob Ringimpulse sanft meinen Schwanz massieren und das Gefühl ist schön, nahe der Auflösung, anders, aber nicht erregt. Wie Wellen laufen diese Ringe über den Schwanz, sie laufen durch ihn hindurch. Dann bewegt sie sich gar nicht mehr, verharrt, lässt wieder ihre Scheide durch mich hindurchgleiten, verwöhnt mich und schaut mir bei alledem tief in die Augen, direkt in meine Seele.

Ich lasse sie in mir versinken, sie überall hin, wo sie möchte. Ich genieße sie bis an die Grenze des Erträglichen, manchmal sind wir dann nahe der Ohnmacht, der Auflösung. Sie legt ihren Oberkörper auf mich, ihr warmer, weicher Busen berührt meinen Brustkorb und sie legt sich zur Ruhe. Ihr gesamtes Gewicht ruht jetzt auf mir, ihre Arme sind sanft auf den Rücken gekehrt und ich halte sie in den Händen umschlungen. Dabei ist jede Bewegung heftig, jede Pause mindestens genauso heftig und der tiefe Genuss lässt uns ununterbrochen singen. Sie zelebriert die Pausen, schaut mir beim Erleben zu, fühlt wie sie genital verklebt und ich in ihr aufgehe. Der Schwanz ist dabei groß, sehr groß und gleichzeitig biegsam, weich und niemals fest. Er bildet eine Einheit in ihr, eine Unterscheidung ist manchmal schwierig, sie fühlt in solchen Momenten den Schwanz nicht mehr einzeln, wir verkugeln.

Ein Orgasmus spielt in diesem Erleben zu diesem Zeitpunkt keine Rolle. Das Fühlen ist so komplett, dass der Orgasmus einfach nicht da drin ist und seien wir einmal ehrlich, ein Samenerguss wäre in diesem Moment wie eine brutale Unterbrechung dessen, was ich die Reise mit dem Gefährt der Götter nenne. Er findet immer im richtigen Moment statt, aber nicht in diesem. Er wird von mir nicht mehr gesteuert. Die Gesichter sind hochdurchblutet, strahlend und vollkommen entspannt und haben einen Ausdruck, der im normalen Leben nicht sichtbar wird. Sie sind schön und das gilt für jeden Menschen, der diese Art der Liebe erlebt.

Diese Art der Vereinigung kann Stunden dauern. An diesem Tag tat sie das und sie war einfach nur wunderschön.

Nach einer in der subjektiven Wahrnehmung unendlichen Zeit kugeln wir zurück. Sie legt sich auf den Rücken, ich benetze den Schwanz zusätzlich mit etwas überschießender Körperflüssigkeit des Mundes und stöpsle behutsam wieder ein. Nichts ist in diesem Moment wahrnehmbar, nichts stört genau dieses Erleben. Weder Schwanz noch Scheide sind in diesem Zustand zu unterscheiden. Sie vereinen sich zu einer harmonischen Kugel im Unterbauch und nur die frei werdende Energie ist gänzlich wahrnehmbar. Sie breitet sich meist wellenartig und angenehm aus. Die Energie wallt regelrecht durch die Körper, füllt diese langsam mit ihrem Fluss auf und läuft über Ohren, Kopf und Hände über. Es kommt einem regelrecht zu den Ohren raus, ein warmer, heller Ton klingt durch, ein Lied des Himmels. Um die Arme und Hände ist eine Art zusätzlicher Schicht aus weißem, manchmal auch goldenem Licht zu spüren. Es ist so, als ob die Sonne in einen Tempel aus Gold hineinscheint oder die Energie komplett durch uns hindurchgeht.

Wir singen dabei unser Lied der Liebe, welches in der Vereinigung immer hörbar bleibt, weil die Intensität so hoch, unglaublich hoch ist. Der Hals als Engstelle im Mittelkanal wurde dabei über 15 Monate immer offener, bis er heute meistens die ganze Energie frei hindurch lassen kann.

Ich liege nun regelrecht in ihr, eingebettet von den kräftigen Schenkeln auf ihrem königlichen Körper liegend, den Busen warm und weich an mir spürend. Sie liebkost ein wenig meine Brustwarzen, was kleine Schauer und unwillkürliche Bewegungen aus dem Becken nach sich zieht, eine Art Vibrieren der Mitte. Dabei schauen wir uns so viel wie möglich an, in uns hinein.

In dieser Phase der höchsten Intensität vollkommener Entspannung zieht sie mich wieder gänzlich in sich hinein, tief eingestöpselt und mit ihr regelrecht verklebt genieße ich jede Nuance der Bewegung und der Liebe. Dabei fühlt es sich frisch, wie ein Sommerwind in der wärmenden Mittagssonne an. In einem ruhigen Tal spüre ich dann ihren Orgasmus, diesen weichen Fluss der Energien, die sich in ihr aus der Mitte heraus ergießen. Der Orgasmus als solches wird dabei durchaus lautstark gesungen und ist lang anhaltend, gleichmäßig und äußerst intensiv. Ich erfreue mich an dem Anblick, der Strahlung meiner Königin, die sich mir ganz öffnet, sich den Energien gänzlich hingibt. Sie zeigt mir dabei alles und ihren Augen sind geöffnet, damit ich auch auf dieser Ebene Eins-Sein kann.

Es zittert sie danach noch lange wohlig, manchmal sogar unwillkürlich heftig. Ich betrachte dies als Vorbote der Ekstase, die wir gemeinsam erleben werden. Dann kehrt Ruhe ein, denn hier empfinden wir derzeit die Grenze der Erfahrung. Die Energien wollen sich ausbreiten, den Körper bis in jede Zelle füllen, heilen. Harmonie breitet sich auch im Raum aus und nach einem kurzen Moment empfinde ich diesen kompletten, tiefen Frieden.

In diesem Moment ist der Orgasmus in meinem Erleben egal geworden. Die Energien aus der leiblichen Vereinigung strahlen so stark, dass keine Notwendigkeit besteht, etwas daran zu manipulieren. Ich bleibe in ihr, bis dieser lange Moment verfliegt, bis wir wieder zwei Wesen werden, die sich lieben dürfen. Sie ist so schön, sie sieht jetzt wieder so klar und glatt und strahlend jung aus. Der Talorgasmus hat den Frieden geschenkt, den Frieden, um einfach zu Sein.

Meine Erektion bleibt noch ein wenig erhalten, ganz weich, wie zu Beginn, um sich dann erst später in Ruhe aufzulösen. Kein Drängen, kein innerer Zwang.

Oft ist es auch umgekehrt und an diesem Abend erlebte ich auch noch diesen tiefen, langen Orgasmus, der so gleichmäßig und intensiv hindurchfließt, dass man es kaum aushalten kann. Die Liebe fließt manchmal über Stunden, wenn es sein darf und nimmt uns mit auf bunte Reisen. Doch das ist eine andere Geschichte.

Nochmals Sexualität

Betrachten wir noch einmal die bekannte Sexualität, kehren sich die Parameter fast um. Bei der spitzen Erregung der Sexualität werden nicht nur Energien transformiert, also in Bewegungsenergien aufgespalten und abrufbar gespeichert, es entstehen auch andere, eigenartige Inhalte. An einem Punkt hoher Erregung, den ich nicht in Prozent bewerten möchte, kippen innere Vorstellungen um. Sie werden geil und steigern plötzlich die Erregung, obwohl das sonst nicht der Fall wäre.

Obszönitäten, Voyeurtum, Fantasien und andere Inhalte beflügeln in diesen Momenten das Erleben, sie erhöhen den Druck! Hier eine kleine Aufreihung an Worten und Inhalten, die ich meine: Du geiles Luder, du bist so schön eng, dein Schwanz ist soooo hart, durchbohr mich, du geile Fotze, ich möchte dir ins Gesicht spritzen, komm, spritz mir auf den Po, du bist so geil und feucht, stell dir vor, ein geiler schwarzer Schwanz dringt jetzt von hinten in dich ein, ich spritz dir voll in den Po, ich komme gleich zwischen deinen Titten, ich finde deine Möpse so geil, ohhh, bist du eng, ich spritz dir eine volle Ladung ein, steck deinen Prügel tief in mich hinein, nimm mich so richtig hart und geil von hinten, jetzt besorge ich es dir aber richtig, los zeig es mir jetzt, fick mich mal so richtig durch, ich brauch das jetzt und immer so weiter.

Alle diese und Tausende andere Inhalte verstärken im Moment der hohen sexuellen Erregung die Effekte. Die Durchblutung verstärkt sich, die Geilheit wird gesteigert und tatsächlich führt das auch physiologisch zu einem verstärkten Geschehen.

Sie wird enger, verkrampfter und produziert durchaus schöne, aber oft auch eckige, fast stoßende Bewegungen und er wird bis zum Platzen hart und verliert meistens an irgendeinem Punkt die Kontrolle über seine Wahrnehmung. Das wird als frei und toll empfunden. Je nach Spielart entlädt er seinen Samen regelrecht in oder vielleicht sogar besser auf ihr. Er kann dann auch dieses Symbol einer Markierung, Inbesitzname oder Unterwerfung als Bild abspeichern.

Es ist schon verwunderlich, dass Worte, Ausdrücke und Bilder, die wir im Alltag nicht verwenden, hier plötzlich als angebracht und in Ordnung benutzt werden. Dirty Talk, wie man heute dazu sagt. Die Energien sind ebenso hoch, gewaltig aber vor allem grob. Das macht den wesentlichen Unterschied aus. Der Mensch entlädt hierbei aufgestaute, vielleicht dreckige Energie und übergießt sein Gegenüber damit, um es los zu sein. Ein ewiger Kreislauf, der nicht etwa eine unendliche innere Quelle als Basis des Flusses hat, sondern ein Tauschgeschäft bestimmter Energien aus dem eigenen Organismus!

Dazu folgende kleine Begebenheiten, die den Inhalt gut zeigen: Vor vielen Jahren nutzte ich in der sexuellen Liebe so ein Hilfsmittel als Ergänzung. Der Schwanz wurde dabei in eine Art kleine Gummi-Vagina eingeführt und das fühlte sich wirklich gut an. Durch Bewegung wurde dann ein Orgasmus ausgelöst. Das Spielzeug war der physiologischen, natürlichen Scheide sehr ähnlich, sozusagen gefühlsecht. In meinem Erleben der natürlichen Liebe fiel mir so ein Teil wieder in die Hände. Ich versuchte es meiner Königin vorzuführen. Jetzt das Kuriose: Mein Schwanz ging nicht hinein. Auch die Versuche ihn mit der Hand zu stimulieren, verweigerte er regelrecht.

Außerdem hatte ich rein optisch das Gefühl, er sei viel zu groß, um da hineinzupassen. Es war aber das gleiche Gummiteil wie damals. Nach ca. 15 Minuten Bemühen gab ich ernüchtert und gleichzeitig belustigt auf.

Ein weiteres Erleben resultierte aus den Gesprächen zu den Themen des Buches. Bei den Beschreibungen der Liebesszenen und den Inhalten der Sexualität regte sich nun so gar nichts in mir. Keine Erektion! Der gesamte Bereich des Unterbauches oder der Sakral-Region schien wie verschlossen. Erlebte ich zur gleichen Zeit natürliche Liebe, war alles in bester Weise da, groß, gut gefüllt und weich. Auch das ging in die gleiche Richtung. Scheinbar konnten mich diese Inhalte nicht mehr erreichen, die Resonanz war aufgehoben. So kam ich zu dem Versuch, mir Pornofilme anzuschauen. Diese hatten früher punktuell durchaus Wirkung gezeigt und mich erregt. Dabei stand ich weder auf Schmerz noch Fetisch. Einfacher, gut gemachter Sex in niveauvollem Rahmen am Besten ohne schönheitsoperierte Darsteller; das war in Ordnung.

Also in einem ruhigen Moment einen solchen Porno gestreamt und was war? *Nichts.* Ich versuchte es mit drei verschiedenen Filmen, um unterschiedliche Akteure zu sehen. *Nichts!* Es war ein eigenartiges Gefühl. Der Antrieb Sexualität, das Triebmuster, welches auch im gesellschaftlichen und beruflichen Leben zu Beifall und Belohnung geführt hatte, war verdampft.

Dabei fühlte ich in der Betrachtung der Szenen in den Pornos ebenso keine Abneigung oder Abscheu. Es war, als wenn da *Nichts* wäre.

Die Darstellerin, die eine Art Perlengeflecht über ihrem wohlgeformten, nett gebräunten Körper mit schönen Brüsten trug, wirkte irgendwie ermüdend, gelangweilt. Der Mann, der sich gerade richtig schön einen blasen ließ, wirkte in meiner Wahrnehmung wenig entspannt, ja geradezu unnatürlich. Es hatte so etwas Grobes. Ich fragte mich unwillkürlich, was einen daran begeistern könnte und verstand nicht, warum ich selbst in bestimmten Phasen so etwas geschaut hatte. Es war leer und diese Wirklichkeit wurde von mir gesehen.

Zum Abschluss spritzte er seinen Samen in ihr Gesicht und entleerte sich großzügig auf ihr. Jetzt ganz ehrlich – was sollte denn daran nun schön sein? Hast du schon einmal im Sommer einen Schwall Wasser ins Gesicht bekommen? Meistens fühlt sich das doch eher unangenehm an und genau so sah es auch aus. Komischerweise sah ich alles in überdeutlicher Wahrnehmung. Ich spürte keine, aber auch gar keine Ablehnung. Es war mir egal!

Ich wunderte mich über dieses Erleben und war irgendwie berührt, dass mein Antriebsmuster sich erlöst hatte. In vielen alten Denkwelten von Religion und Philosophie gilt es, solche Inhalte zu unterdrücken.

Das *Ich*, das *Ego* oder was auch immer in den Griff zu bekommen, es vom Verstand kontrollieren zu lassen – also einmal offen gesprochen, das ist doch nun blanker Unsinn. Wie willst du denn etwas in den Griff bekommen, was du gar nicht so genau kennst, was dir ebenso immer wieder verborgen bleibt und von dem du so gut wie nichts weißt? Das ist doch unmöglich oder eine frustrierende Daueraufgabe, die zumindest insofern vorgegeben endet, als das du es nicht schaffen kannst.

Daraus kreieren die einen Schuld und Strafe, die anderen Gnade und wieder andere punktgenaues Karma.

Wenn du von solchen Inhalten wie archetypischen Mustern frei werden willst, dann akzeptiere dein gänzliches Sein, damit du es erleben kannst! Die Auflösung meines Sexualmusters war an diesem Punkt so nachhaltig, das selbst ein gut gemachter Porno in meinem offenen Erleben keinerlei Wirkung mehr erzielen konnte. Ich fand in diesem Moment der Erkenntnis das Eine nicht besser als das Andere, sondern für mich nicht mehr zuständig. Ich näherte mich einer feinen, achtsamen Art der Vereinigung und für die natürliche Liebe wurden die bisherigen Inhalte nicht nur nicht mehr benötigt, sie hätten störend gewirkt.

Zum Abschluss dieses Kapitels noch eine ergänzende Erfahrung. Wir vereinigten uns in einer Phase großer Sensibilität bis hin zur überfließenden, goldenen Strahlung, die meiner Königin aus den Händen lief. In dieser spannenden Zeit unternahmen wir auch einmal den Versuch, wie sich alte sexuelle Fantasien darauf auswirkten. Nach einem Moment der Abwehr ließ sich meine Königin darauf ein und wir testeten es an.

Die meisten Menschen haben mehr oder weniger unpersönliche, oft gesichtslose Fantasien gespeichert, die sie im Zustand höchster Erregung zum Auslösen des Orgasmus nutzen. Diese Fantasien nahmen wir nun bewusst hinzu, um die Auswirkung zu testen. Nach einem Moment konnten diese tatsächlich entstehen und fanden Eingang. Wir waren eingestöpselt und in unseren Bildern oder Abdrücken unterwegs. Währenddessen gingen die feinen Kanäle der natürlichen Liebe abrupt zu und das Energiefeld schmolz zusammen.

Nicht, dass es an sich nicht auch etwas Anregendes gehabt hätte, doch der Zauber verflog fast augenblicklich. Ich weiß gar nicht mehr genau, ob ich einen Samenerguss bekam, aber sie war sehr berührt, fast erschüttert, weil sich dieser feine Kanal des goldenen Flusses in ihrem Tempel verschloss.

Ich wurde dort regelrecht hinaus katapultiert. Sie war eng, verschlossen und ich war härter und reibender, als sonst bei der natürlichen Liebe. Sie war hinterher sehr traurig, da sie Sorge hatte, die feinen Kanäle könnten verschlossen bleiben. In diesem Zusammenhang war ich überglücklich, da ich gesehen und erlebt hatte, dass diese Energien und Gefühle der königlichen Vereinigung, der natürlichen Liebe einen sicheren Echtzeitschutz besitzen, der sogar in unserer Liebe sofort wirkte. Ich war dankbar und in der Folge beglückt sorglos, nichts schien diese Art der Liebe bedrohen zu können.

Wie ein Spiegel aus Glas

In diesem Zusammenhang wurde noch ein weiterer Aspekt deutlich. In dieser Art der Beziehungsführung gibt es viele Parameter des normalen Erlebens nicht mehr. Diese feine Energie, die Liebe, die bei der Vereinigung empfunden wird und das dauernde zauberhafte Erleben ergeben eine kugelartige Verklebung, die naturgegebene Rahmenbedingungen schafft. Wir sind zu der Auffassung, nein, dem tatsächlichen Erleben gelangt, dass wir uns als Spiegelpartner aus Glas sehen. Wir sind miteinander verschränkt, also über Zeit und Raum verbunden und wenn wir diese feinen Energien fließen lassen, sind Ehrlichkeit, Respekt und Liebe keine blanken Vokabeln, sie leben uns!

Dabei tauchte ein Aspekt auf, den wir kurios bis erstaunlich fanden. Die Monogamie. Meine Königin hatte einige Beziehungen geführt. Sie war immer auf der Suche gewesen nach diesem Erleben, genau danach. Jetzt erlebte sie bestimmte Inhalte ganz neu. Viele Fragen, die sie früher beschäftigt hatten, waren verdampft. Die Frage von Nähe und Distanz in einem ausgewogenen Verhältnis, die Sorge, in einer Verklebung vollkommen abhängig und ausgeliefert zu sein. Das viele Gerede von Freiheit und Beliebigkeit, welches doch auch oft nur als Schutz vor tiefen Erfahrungen verwendet wird. Die Frage von Treue nicht nur sexuell, sondern auch in Gedanken und alltäglich. Die Frage, mit wem wir beispielsweise unsere Zeit verbringen möchten. Diese und viele weitere Betrachtungen entfielen zusehends in natürliches Erleben. Plötzlich und unerwartet erlebten wir sogar alte Werte aus Religion und Philosophie wieder ganz neu und anders, eben natürlich oder aus uns selbst heraus.

Die Monogamie ist dabei ein Aspekt von vielen. Schon im Zusammensein mit anderen Menschen, in der Aufnahme grober Energien, die unser feines Erleben erschweren, entsteht manchmal der Aspekt eines Betruges. Wir haben beide das Gefühl und erleben entsprechend auch Situationen, in denen wir dieser Liebe immer nur mit Offenheit, Treue und gänzlichem Einlassen begegnen können. Das bedeutet auch, dem Gegenüber einen großen Einfluss, eine große Macht über das eigene Sein einzuräumen. In der klassischen Psychologie werden alle diese Inhalte als gefährlich, ja sogar suizidal angesehen. Die Stabilität des Ego mit Selbstverwirklichung wird als wichtigstes Ziel definiert. Ist nicht gerade der Begriff Liebe dazu angetan, diese Beschränkungen gänzlich aufzugeben, um bedingungslos vielleicht sogar zum eigenen Nachteil fühlen zu können? Fängt hier nicht die viel beschworene befreite Liebe erst richtig an? Wird dieser Punkt real, laufen die meisten Erlebenden allerdings schreiend weg. Lies einmal die Definition von Liebe beispielsweise auf Wikipedia und fühle hinein, wie weit das eigentlich geht. Begreife das Christus-Prinzip als ganz eigene Erlebenswelt und stell dir die Frage, ob du das leben könntest? Ohne einen entsprechenden Entwicklungs- oder Reifungsprozess halte ich das für sehr fraglich. Kommen wir zurück zu unserem Erleben, zu dem Weg, auf dem wir uns gerade befinden.

Eigenartig, also auf eine ganz eigene und neue Art trifft es vielleicht am Besten. Wir stehen nach 17 Jahren Kennen und Vertrauen, 5 Jahren intimer Beziehung und Ausbreiten der natürlichen Liebe natürlich erst am Anfang des gemeinsamen Weges, doch viele Inhalte werden uns einfach präsentiert.

Es fragt keiner, ob es richtig und gut ist, von Pornos nicht mehr erregt zu sein. Es fragt keiner, ob unsere Antriebsmuster noch gebraucht werden, weil wir damit vertrauten Erfolg in der Welt reproduzieren können. Wir werden nicht gefragt, wir erleben lediglich, teilweise doch recht überrascht, uns fällt der Inhalt einfach zu. Das nenne ich konkret Erlösung von den Zwängen des *Ichs* in der uns bekannten Form.

Wenn Monogamie, Ehrlichkeit und unmittelbare Offenheit in allen Fragen des Seins Grundlage sind, wenn Beschränkungen der Nähe aus Angst vor Verletzung verdampfen, wenn Alltägliches wie Wohnen, Essen, Verdienen und Besitzen sich in vollkommen eigener Dynamik auflöst, dann erlebst du Heilung. Heilung von dir und deinen Vorstellungen, Heilung von Selbstbetrug und Heilung von dem Schauspiel, das du zu deinem Leben gemacht hast.

Das Erkennen der Wirklichkeit als eigenen Begriff, der nicht von deinen angelegten Sichtweisen und Programmierungen abhängt, ist genauso genial wie vollkommen erschreckend. Alles, was du jemals von dir gedacht und womit du dein Selbstbild gefüttert und verteidigt hast, alles, was dich ausgemacht hat und womit du vertraut agieren konntest, zerbröselt zu Staub und verfliegt. Du kannst es nicht mehr festhalten.

Oder wie die Alten sagten – stirb, bevor du stirbst, damit du leben kannst. Ich habe meine Vorstellungen von mir sterben sehen, ich habe gesehen, wie der kleine Franki beerdigt wurde und es war nicht immer einfach. Auch die Königin hat einen langwierigen Weg des Sterbens der alten Hülle erlebt, sonst würde sie nicht so strahlen können, wie früher als kleines Kind.

Möchtest du bessere Sexualität erleben oder bist du bereit, für diese Liebe zu sterben? Möchtest du deinem konditionierten und eingeschränkten Bild nachjagen, es füttern und hegen, es verteidigen und beschützen, um dich sicher zu fühlen? Oder bist du bereit, das Lebendige ganz zu dir zu lassen, es als dein Sein zu akzeptieren? Die natürliche Liebe zieht dich wie magisch zu diesem Erleben, sie ist das passende Gefährt, alle diese Inhalte mit deinem individuellen, menschlichen Leib zu erfahren.

Viele Jahre habe ich mit Konzepten und Gedanken zugebracht und oft wusste ich intellektuell schon lange, was ich erst wesentlich später zeitversetzt erleben durfte. Doch im Erleben war es wie eine neue Welt. Was ich vorher dazu meinte und erklärte, wurde hinterher unwichtig, technisch und künstlich. Es war eben nicht komplett. Es war in meinem Kopf klar, aber im leiblichen Erleben nicht enthalten, quasi virtuell.

Erlösung konkret

Die konkrete Erlösung von grundsätzlichen Antriebsmustern, von so etwas, wie der vermeintlichen Persönlichkeit, ist ein ungeheuerlicher Vorgang. Er wird von vielen Fachleuten für unmöglich gehalten, da er mit dem Verstand meines Erachtens nicht herbeizuführen ist. Oft erleben wir durch schicksalhafte Ereignisse, ja durch Traumata so eine innere Verrückung, dass wir auch in der Umgebung als neu geboren angesehen werden. Du kannst das auch Midlife-Crisis oder Verrückt-geworden nennen, es sind im Kern immer Vorgänge, die sich dem Zugang des Verstandes entziehen. Dabei erfolgt die Erlösung von Mustern doch immer nach einem ähnlichen Ablauf.

Wir schlagen aus irgendeinem individuell unterschiedlichen Impuls gnadenlos durch unsere Käseglocke aus Glas, hauen mit Schwung auf die andere Seite, erleben überrascht, dass wir dort atmen und existieren können. Dann schwingen wieder zurück, verletzen uns an den scharfen Kanten des Glases und schwingen so lange hin und her, bis entweder der Aufhängungsfaden reißt und wir frei sind oder den Glaser holen, der dieses Loch wieder verschließt. In allen Fällen atmen wir nach dem Prozess kräftig auf. Entweder, weil wir in die Sicherheit der Käseglocke zurückgekehrt sind, oder weil wir gänzlich neugeboren unser Leben kindlich wahrnehmen.

Wirkungen hat das immer. Das Wissen, jenseits der Begrenzung gewesen zu sein bleibt auch erhalten, wenn wir dieses Loch freiwillig wieder schließen. Dann haben wir eine ganz besondere Ausstrahlung, wir haben diesen Zauber in uns.

Sind wir gar auf der anderen Seite frei geworden, führt dieser Individuationsprozess uns in Regionen, mit denen wir dem Fortgang der Menschheit als Kollektiv lebensrettende Impulse geben können. Frei werden bedeutet dann leider auch ganz praktisch, das Leben von vorne zu beginnen. *Nichts* bleibt dann, wie es einmal war. Die Vorstellung, dass ein von sich selbst erlöster Mensch in problemloser Glückseligkeit durch die Gegend läuft, lässt sich für meinen Teil nicht bestätigen. Das Bewusstsein darüber ist frei, der Rest eher ganz normal! Leider! Es kann nichts von den Belohnungen der großen Religionen bis hin zum ewigen, glückseligen Leben in Aussicht gestellt werden. Diese Versprechungen sind Schuld-, Strafe-, Belohnungsmodelle, welche eben zur besseren Steuerung und Unterwerfung des Menschen erfunden wurden. Der Rest bleibt unser fantastisches, banales, grandioses, schmerzhaftes, polares Erleben in diesem Sein. Ein Tisch, der quantenphysikalisch aus Lichtteilchen besteht und gar nicht real zu berühren ist, bleibt immer noch ein Tisch und wenn mir jemand meinen Kopf darauf schlägt, wird Wirkung eintreten. Warum sollte das schlimm sein?

Die Erlösung ist also ein Vorgang, der ganz real im Leben stattfindet, aber keine dieser fantastischen Belohnungen beinhaltet, die damit verbunden werden. Das Leben wird wunderbar, tief, einfach und bleibt genauso wie vorher. Als Hardcore Versuch hatte ich ja am Ende meiner Transformation, meiner Erlösung von dem Steuermuster der Sexualität, eine Sequenz Pornos im Internet geschaut. Nochmals zur Erklärung: In bestimmten Vorstellungswelten von Archetypen und Anlagen war ich ein sexuell geprägter Priester, der diesen Teil hochfrequent leben musste. Sozusagen zwangsweise.

In der Vereinigung mit meiner Königin, in dieser Art der Entfaltung der natürlichen Liebe, waren diese Teile nicht mehr enthalten. Nach einer Zeit des Erlebens, der Heilung und konsequenter Aufarbeitung innerer Muster, erlebte ich eine natürliche Auflösung dieser Steuerungsimpulse. Ich wurde frei davon, erlöst und reifte aus. Ich wurde neu geboren. Alle Fähigkeiten blieben erhalten, aber die innere Zwanghaftigkeit und damit die Vorbestimmung bestimmter Handlungen war nicht mehr da. Eigenartig, ja fast nicht zu glauben. Der Orgasmus, dass Absamen als Ziel der männlichen Triebe, wurde in mir aufgelöst. Unglaublich, aber wahr!

Orgasmus und seine Formen

Kommen wir zurück zum Orgasmus und der Form in der natürlichen Liebe. Viele teils uralte Techniken beschäftigen sich damit, die Energie dieses Momentes nutzbar zu machen oder gar einen Samenerguss ganz zu unterdrücken. Alle Techniken des Unterwerfens, des verstandesmäßigen in den Griff bekommens, funktionieren mechanisch durchaus. Sie sind aber von großer Anstrengung und einer fast ständigen Angespanntheit gekennzeichnet und damit letztlich langfristig nicht stabil.

Immer wieder erlebst du beim Einsatz solcher Techniken, dass sie in einem Moment hervorragend wirken, um im nächsten Augenblick ebenso vollkommen zu versagen. Altchristlich – das Gute, was ich will, das tue ich nicht, aber das Schlechte, was ich nicht will, das tue ich. Oder das bekannte Zitat von Schopenhauer: „Der Mensch kann zwar tun, was er will, aber er kann nicht wollen, was er will". Gehirnforscher weisen heute nach, dass die darin verborgene Frage erschreckend zu beantworten ist. Bereits bevor sich meine Finger über die Tastatur hermachen, bereits bevor ich bewusst wahrnehmen konnte, was ich schreiben wollte, waren alle notwendigen Botenstoffe in Form von Hormonen und Substanzen schon ausgeschüttet. Bevor mein *Ich* wahrnehmen konnte, welche Wünsche es vermeintlich verspürte, hatten alle körperlichen Reaktionen bereits begonnen. Unsere Wahrnehmung unterliegt dabei einem kleinen Trick: Das Gehirn datiert die bewusste Entscheidung einfach einen Bruchteil einer Sekunde zurück. Harter Tobak, wie ich finde und schon lange wissenschaftlicher Stand der Dinge. Oder anders: wir bilden uns ein, wir wären die Entscheider und Macher in unserem Leben.

Was hat das mit dem Orgasmus und der natürlichen Liebe zu tun? In der sexuellen Liebe folgen wir genau diesem Inhalt. Wir glauben, der Orgasmus wird von uns selbst durch bestimmte Faktoren herbeigeführt. Wir erleben es schließlich so. Wenn ich mich in bestimmter Weise bewege, wenn diese und jene Fantasie in meinem Kopf entsteht, wenn mein Gegenüber nur schön geil, eng und attraktiv ist, wenn die Brüste nur groß, rund und ansehnlich sind, wenn der Schwanz erigiert mindestens 30 cm lang ist, wenn er mich so richtig schön von hinten nimmt und tief in mich eindringt, ja dann bekomme ich einen Orgasmus. Dieser süße Tod wird also von mir gemacht. Treten die Faktoren nicht ein, bekomme ich auch keinen Orgasmus und es ist öde. Ich bleibe dann unbefriedigt und das ist schlecht für mein Wohlbefinden und die Gesundheit.

Wie mir ein gut bezahlter Unternehmer-Coach mit 2500€-Tagessatz sagte: „Es geht genau darum, alles in ausgewogenem, also harmonischen Maß hinzukommen. Zweimal die Woche Tennis, zweimal die Woche befriedigenden Sex, in einem gleichmäßigen Rhythmus gut bezahlt und erfolgreich arbeiten, sichtbare Wirkungen erzielen, ausgewogene Beziehungen führen. Gesund ernähren…". Es klingt wie ein Kochrezept und was mache ich, wenn ich plötzlich Heißhunger auf scharfe Jalapenos bekomme? Sind die dann erlaubt oder muss ich den Impuls unterdrücken, weil die zulässige Menge diese Woche bereits verbraucht ist?

Wir sehen, wie unsinnig diese Suche ist und wie wenig Aussicht auf nachhaltige Lösung darin enthalten ist. Der Orgasmus liegt im klassischen Bild also in unserer eigenen Verantwortung. Es bedeutet auch, dass wenn ich keinen Orgasmus bekomme, irgendetwas mit mir nicht in Ordnung ist.

Hast du schon einmal einen Orgasmus vorgetäuscht? Soll wohl auch als Mann ganz gut gehen, zumindest, wenn du eingedrungen bist und somit eine direkte Überprüfung erst einmal entfällt. Gerade Frauen haben dabei das schicke Muster, ihrem Partner auch an dieser Stelle Funktion zu schenken, damit er sich als guter Liebhaber fühlen kann. Und wenn das da eben nicht drin ist, gut, dann tun wir so als ob, weil er sich dann ja besser fühlt und genau darum geht es in erster Linie in der Sexualität. Wie viele Frauen schlafen jahrelang mit ihrem Partner und finden es normal, keinen Orgasmus zu erleben oder diesen vorzutäuschen? Irgendwie eine lustige Welt, die der Sexualität. Ist dann das Erleben womöglich noch erschwert, weil man klein, dick, dumm, mit kleinem Busen, einem 10 cm Schwanz oder sonst welchen Makeln geboren ist, wird es richtig gemein. Wer kann mich schon lieben, wenn mein Schwanz erigiert 10 cm lang ist?

In der natürlichen Liebe ist das egal, da im Zustand der Vereinigung das einzelne Genital nicht mehr wahrnehmbar ist. Die Energien, oder besser das gesamte Erleben wird *Eins* und ist damit wunderschön. Kommen wir zurück zum Orgasmus in der natürlichen Liebe. Im Gegensatz zur Sexualität geht es hier eben nicht darum, nicht um das Absamen, sondern um das Erleben dieser Vereinigung, der königlichen Vereinigung der Partner in ihrem Tempel.

Wie sagte die Domina mir im Gespräch: „Hier geht es nur um das Absamen, egal wie und wenn dazu Spiele und Schmerzen notwendig sind, eben auch so. Diese Inhalte führen aber nur zum Absamen, sie haben keinen eigenen Zweck oder gar Genuss!" Der Orgasmus in der natürlichen Liebe ist so etwas wie eine Draufgabe, so ein Beiwerk.

Er geschieht, oder er geschieht nicht. Tatsächlich spielt es keine Rolle und ist trotzdem schön. Das beidseitige Bedürfnis nennen wir Einstöpseln und außer diesem, gibt es keinen Inhalt. Beim Einstöpseln, also diesem ruhigen und intensiven Verbinden der Genitale auf natürliche Art, ist bereits alles enthalten, was zum Leben benötigt wird.

Und wenn dort ein Orgasmus benötigt wird, ist eben auch dieser enthalten. Wenn Zeit für eine fließende Liebe vorhanden ist, kann er auch mehrmals oder zweimal direkt hintereinander sein! Nichts daran wird gedrängt, nichts daran tritt in den Vordergrund und das Erleben ist intensiver, länger und anders, als in der Sexualität. Oft entsteht der Orgasmus in einem Moment der Ruhe, fast ohne Bewegung. Oft tritt er ein, obwohl er nicht erwartet wurde. Ist genug Zeit vorhanden, unterbricht der klassische Samenerguss die Liebe nicht, er geschieht und die Liebe bleibt davon unbeeinflusst. Er fließt einfach heraus.

Außerdem erlebte ich in der letzten Zeit, dass auch ein Orgasmus ohne Samenerguss möglich ist. Die energetischen Empfindungen entsprechen dabei genau dem klassischen Samenerguss, nur findet dieser nicht statt. Natürlich ist dieses Erleben beim Mann eben durchschnittlich eher selten bekannt.

Anders als in der uns vorliegenden Form des westlichen Tantras haben wir aber überhaupt nicht das Ziel, keinen Orgasmus zu bekommen, weil dies besser wäre. In der natürlichen Liebe ist es egal. Es fließt und was fließt, darf auch jederzeit einen Samenerguss zeigen. Dass dieser an vielen Stellen unnötig oder störend empfunden werden kann, bedingt sich aufgrund der hohen Intensität.

Wir streben auch keine Enthaltsamkeit an, weil dieser Schritt vielleicht reiner oder geistiger wäre, es ist uns vollkommen egal.

Aktuell ist das Bedürfnis einzustöpseln beidseitig derart stabil, dass tägliche natürliche Liebe erlebt wird, wenn dies räumlich möglich ist. Die Königin ist dabei immer wieder überrascht, weil das Bedürfnis zum Einstöpseln nicht aus dem Kopf, sondern aus dem Bauch kommt. Ihr Körper verlangt regelrecht danach. Er möchte sich, wenn immer möglich, vereinigen. Das hatte sie noch niemals zuvor erlebt. Sexualität war bei ihr verbunden mit der Abnutzungserscheinung des Eros. Spätestens nach drei Jahren ließ erfahrungsgemäß der Wunsch nach oder kippte sogar in eine Art innere Verweigerung um. In unserem Erleben war es von Beginn an anders. Die Menge der körperlichen Liebe war konstant hoch. Die Intensität nahm ebenso immer weiter zu und wenn man dachte, das kann jetzt nicht mehr schöner werden, veränderte sich die Erfahrung auf eine Weise, die uns in Tiefen führte, die wir für undenkbar gehalten hätten.

In der körperlichen Ebene erwarten wir noch das Erleben einer natürlichen Ekstase, einem Zustand, den wir noch nicht gänzlich beschreiben können. Klassische Ekstase, also ein so starkes Energiegefühl, dass wir uns auflösen oder schreien müssen, ja fast ohnmächtig werden, hatten wir schon ziemlich früh regelmäßig. Wir fühlen aber, dass wenn wir unser Leben gänzlich miteinander verbringen, eine andere Art von Ekstase, eine Art schwebender Zustand erlebt wird. Man kann bereits ahnen, wie das unerregte Gefühl höchster Intensität in der körperlichen Vereinigung durch uns hindurchläuft und energetisch deutlich über den festen Körper hinaus wahrnehmbar bleibt.

Ich betrachte diese Form eines fließenden Orgasmus als kleines Randgeschenk der natürlichen Liebe. Es ist auch wie eine nachhaltige Heilung von der Ursache-Wirkungs-Denkwelt. Wenn ich das hinein tue, kommt jenes dabei raus. Wir erleben, dass ein Talorgasmus vollkommen nebensächlich, unkontrollierbar und wunderschön eintritt und das Erleben der Liebe nur abrundet, nicht unterbricht oder es gar der eigentliche Sinn wäre. Mit dieser Erlösung ist das Einstöpseln weitestgehend erwartungslos, außer, dass es alternativlos schön ist. Der Wegfall sämtlicher Erwartungen befreit die natürliche Liebe von Zwängen und Blockaden und ermöglicht damit einen freien Fluss. Dieser freie Fluss ist das Gefährt der Götter, welches uns nicht zuletzt durch die Machtansprüche der großen Institutionen in dieser Welt seit Tausenden von Jahren genommen wurde. Die Götter bekamen Angst vor dem Kugelmenschen. Kannst du dir vorstellen, einen dauernden Orgasmus ohne Samenerguss zu erleben und dich dabei frei zu bewegen? Das war der Kugelmensch und wenn du einmal für einen Moment da hineingehst, spürst du die unermessliche Bedeutung. Die hier beschriebene natürliche Liebe ist sozusagen das Gefährt dorthin. Der klassische Orgasmus mit seinen Wirkungen ist dabei wie eine Neurose, also die künstliche Veränderung dieser natürlichen Anlage. Fühle einmal genau hinein. Du stöpselst dauerhaft ein und bewegst parallel Dinge und Aufgaben.

Als ich diese Erfahrung einmal zuließ, wurde mir ganz anders. Die darin enthaltenen Möglichkeiten sind fast grenzenlos und unglaublich schön. Es wäre eine andere Welt, die daraus entsteht und für eine neue Welt wird es durchaus Zeit!

Geilheit

In der sexuellen Liebe spielt die Erregung eine große Rolle, da diese erreicht werden muss, um zum Orgasmus zu kommen. In einem Zustand hoher Erregung kippen die Rahmenbedingungen um und Obszönitäten und andere Inhalte steigern plötzlich die Erregungskurve nochmals deutlich, damit ein Orgasmus, also die Überschreitung eines Grenzpunktes, möglich wird.

Dabei ist im modernen Sprachgebrauch vieles mit dem Wort „geil" verbunden: Ist das geil, ich bin geil, bist du schön eng, wie geil und immer so weiter. Das Wort „geil" kommt aber auch noch in einem anderen Zusammenhang vor, nämlich beim Wachstum von Pflanzen. Haben Pflanzen einen Mangel an nutzbarem Licht, wachsen sie sehr schnell und letztlich leer, um das Licht zu erreichen. Die Triebe sind kraftlos und unnatürlich ausgeprägt und müssen fachkundig gekürzt bzw. entfernt werden, damit die Kraft wieder in angemessener Form zur Verfügung steht. Das nennt man Vergeilung.

Diese Vergeilung finden wir im übertragenen Sinne eben auch in der sexuellen Liebe. Das natürliche Wachstum, die Entwicklung und Reifung des Menschen werden erschwert, weil in unser künstlichen Welt verdrehte Bedingungen entstehen. Es steht nicht genügend reines Licht oder saubere Energie zur Verfügung, um diesen Vorgang natürlich zu erleben.

Was meinst du lässt die Esoterik-Branche so wachsen? Was meinst du, warum altes Wissen wie Astrologie und andere heute regelrecht verramscht werden?

Weil ein Bedürfnis nach Licht, eine tiefe Sehnsucht nach Frieden in den Menschen vorhanden ist. Übertragen wir das auf die sexuelle Liebe, stellen wir schnell fest, dass Vergeilung im allgemeinen Sprachgebrauch Einzug gehalten hat. Unkontrolliertes, unnatürliches Wachstum ist die Folge. Diese Art der Liebe ist leer, sie darf fachkundig beschnitten werden, damit die Pflanze, unsere Seele, keinen Schaden nimmt. Macht, Unterwerfung, geile Orgasmen stehen im Vordergrund und die daraus entstehende Energie füttert den Hunger dieser Welt. Damit lassen sich Geschäfte machen, damit kann man Macht ausüben in diesem Sein.

Ein Freund, der Bestsellerautor ist, erzählte von seiner Reise nach Südamerika. In einer schönen Villa untergebracht, welche von Stacheldraht und Wachpersonal umgeben war, entschloss er sich, einen Blick in das reale Leben der Slums vor Ort zu werfen. Tote Kinder werden dort regelmäßig an die Straße gelegt und liegen manchmal mehrere Tage, weil sie nur einmal in der Woche von der Müllabfuhr abgeholt werden. Beerdigungen kann dort keiner bezahlen.

Diese Perversion der Polarität ist es, die uns geil macht. Sie wird dadurch sichtbar und wir können sie in unserer künstlichen Welt an allen Ecken erleben. Ob im Umgang mit Menschen, mit Tieren, mit Schutzbefohlenen oder in unserer Sexualität. Die Vergeilung hat sich hineingefressen, sie beherrscht unser Leben und ist die tiefe Sehnsucht, endlich doch noch zum Licht zu gelangen. Dieses natürliche Bedürfnis nach weißem, reinen Licht stillen zu dürfen, kann so nicht erfüllt werden. Macht nichts, Hauptsache der Samen spritzt ordentlich hinaus in die Welt und ich kann mein Revier markieren.

Man kann sich diesen Mechanismus, diese perfide Verdrehung natürlicher Werte, gar nicht klar genug ansehen. Ich nenne es auch das satanische Prinzip.

Untersucht man in diesem Zusammenhang Naturvölker, ergibt sich ein ganz anderes Bild. Die Menschen sind freier, auch in der sexuellen Liebe und Besitz und Macht in unserer Art des Denkens sind ihnen eher fremd. Sie kennen die Vergeilung nicht. Auch der Umgang mit ihren Kindern ist natürlich, sorglos und fast frei. Kinder werden bereits als ganze Menschen akzeptiert und in die Gesellschaft integriert.

Wir Europäer werten diese natürliche Andersartigkeit als unkultiviert, roh und gefährlich ab, was bei genauer Betrachtung fast grotesk ist. Daraus resultierte dann geschichtlich auch die inhaltliche Begründung für die Unterwerfung und Ausbeutung dieser Völker.

Vertiefung

Die Pflanze versucht, ihrem natürlichen Wachstumsdrang zu folgen. Da nicht genug geeignetes Licht zur photosynthetischen Ernährung zur Verfügung steht, pumpt sie einen Trieb in unnatürlicher Weise auf und wächst dem Licht in höchster Not entgegen. Dementsprechend ist der vergeilte Trieb leer und unwirksam. Im übertragenen Sinne ist die Welt in einem Vorgang der gänzlichen Vergeilung. In höchster Not strebt sie dem Licht entgegen und erreicht es nicht.

Krebs ist ein gesellschaftlicher Ausdruck dieses Inhaltes. Stellt sich für uns ganz persönlich die Frage, an welchen Stellen wir noch geil sind, an welchen Stellen wir also die natürlichen Inhalte künstlich ersetzen. Dabei ist es von größter Bedeutung, welche Nahrung wir zuführen. Im allgemeinen Bewusstseinsfeld des kollektiven Seins ist kaum brauchbares Licht enthalten. Die Speisung erfolgt gegenseitig, was Tod und Vernichtung nach sich zieht.

Konkret: An welchen Stellen ernähren wir uns noch mit Ersatzstoffen, obwohl wir bereits die Erfahrung der Speisung aus einer natürlichen Quelle machen konnten? In heutiger Zeit werden uns alle diese Inhalte nochmals bewusst gezeigt und wir sind aufgefordert, sie aufzugeben. Es ist wie eine neue Verbindung zur wahren Quelle, um uns natürlich entwickeln zu können. Unser Potenzial in allen Lebensbereichen ist von Leere gekennzeichnet, wir haben nichts, wofür es sich zu wachsen lohnt! Erkenne die Wirklichkeit oder verschließe dich zumindest nicht, dann ist harmonisches Erleben eine natürliche Folge!

Bewusstsein

„Du bist, was du isst", so ein kurzer Satz der viel Tiefe hat. Seit vielen Jahren beschäftigen sich Menschen mit der Frage von gesunder Ernährung und verlassen dabei die Wege des Natürlichen nur zu gerne. Vegane Ernährung mit genverändertem Tofu, vegetarische Gänsekeule mit Plastikknochen, Sojamilch aus heftigen Anbaubedingungen, die Welt ist voll von neurotischen Inhalten, von Entartung und Polarität. Ich kann diese Massentierhaltung nicht mehr unterstützen und werde für eine vegane Welt kämpfen, so der Schlachtruf überzeugter Täter, die lediglich die Seiten im System wechseln und genauso verheizt werden, wie im anderen Pol. „Wer nur dagegen ist, befindet sich im gleichen Programm", so eine Zusammenfassung der Vorgänge. Das Bewusstsein, also das, was wir letztlich erkennen und erleben können in diesem Schauspiel, ist von entsprechenden Programmierungen abhängig.

Fernsehen, Internet, Radio, Zeitungen, Zeitschriften und immer so weiter füttern uns tagtäglich abseits unserer Nahrung mit Informationen, die Wirkung haben. Gib mir die Macht über die Medien und ich regiere die Welt, so ein abgewandeltes Zitat aus dem 18. Jahrhundert.

Wie aktuelle Untersuchungen beweisen, verursacht Fernsehen auch noch den viel gelobten Alphawellen-Zustand im Gehirn und ebnet damit den Weg, die gesamten Programmierungen auch fachgerecht hineinzubekommen! Was für eine Ironie. Der Alphawellen-Zustand im Gehirn dank Fernsehen! Die Veränderungen der natürlichen Welt haben sich tief in unser Bewusstsein eingegraben.

Machst du heute deine E-Mails auf, wie ich eben, erlebst du bereits auf der Startseite das volle Programm: die ganze Wahrheit über Sex in der Ehe, wie oft treiben es die Deutschen wirklich, Schauspielerin soundso zeigt nackt ihre Brüste, diese Vierzigjährige hat einen Po wie zwanzig, die zehn wichtigsten Tipps zur schnellen Verführung, wie oft kann er wirklich, hier Affäre ohne Risiko... eine endlose Aufzählung genau dieser neurotischen Art, die unser Sein so erschreckend einsam und sinnlos erscheinen lässt.

Wenn du als gut informierter und gebildeter Mitteleuropäer mitreden willst, dann musst du über die aktuellen Vorkommnisse Bescheid wissen. Wenn nicht, könntest du dich ja gar nicht öffentlich bewegen. Ein verantwortungsvoller Bürger geht in einem demokratischen Land ja schließlich auch zur Wahl. Was wäre hier los, wenn du das nicht machen würdest? Ein guter Deutscher hockt vor dem Fernsehen, wenn wir Fußballweltmeister werden und das ist schließlich einer der letzten Gelegenheiten, bei denen wir ausnahmsweise einmal stolz auf uns sein dürfen!

Wenn du dich diesen Programmen aussetzt, werden sie zu deiner eigenen Realität. Wenn du dich diesen Programmen entziehst, bist du gesellschaftlich untragbar. Stell dir einmal vor, es ist Gesellschaft und keiner macht mit!

Ein Satz zum Nachdenken, der mir die Tage über den Weg lief:

Wenn du nicht auf der Strecke bleiben willst, musst du vom Weg abkommen!

Das Gewebe dieser künstlichen Welt ist voll von unnatürlichen Inhalten. Warm, satt und sauber hieß es früher in der Pflege von Menschen. Von Liebe und Zuwendung keine Spur. Oder wie ein alter Freund zu sagen pflegte: Sie sind ein Garant der Mittelmäßigkeit. Sie werden ihr Leben lang versuchen, dieses Mittelmaß zu erreichen und es nicht schaffen.

Wir ernähren uns, also die Ganzheit aus Körper, Seele und Geist, heute freiwillig mit den buntesten, geilsten und verrücktesten Inhalten und fühlen uns trotzdem gleichsam leer, einsam und ungeliebt. Von echtem Frieden einmal ganz zu schweigen. Je mehr schnelle Befriedigung wir konsumieren können, je größer unser Stück vom Kuchen ist, desto mehr wollen wir auch zukünftig haben. Stillstand ist Rückschritt und meine Kinder sollen es schließlich später einmal noch auswegloser, ich meine natürlich besser haben, als ich. Ich konnte es schon nicht lösen, aber denen hinterlasse ich so einen Berg an Hausmüll, dass sie es garantiert nicht schaffen können. Denn nichts gibt so viel Sicherheit wie gewohnte Umgebung.

Was das alles mit sexueller Liebe zu tun hat? Ganz viel. Um die feinen Gefühle einer natürlichen Liebe, einer königlichen Vereinigung überhaupt wahrnehmen zu können, ist die Aufgabe der normalen Inhalte notwendig. Und hier geht es im wahrsten Sinne des Wortes darum, die Not zu wenden! Wir sind leider so geschaffen, dass diese Programme uns berühren, dass sie uns mit sich ziehen. In der Verdichtung unserer heutigen Welt scheint es manchmal fast unmöglich, diese ganz zarten und feinen Inhalte noch zu erfassen. Ich würde ja gerne fühlen, aber es gibt täglich so viel anderes zu tun!

Ich trage schließlich Verantwortung für Dinge, Situationen und Menschen. Blablabla. Meinst du, wenn du nicht mehr funktionierst, kannst du nicht ersetzt werden? Bildest du dir immer noch ein, du seist wichtig und unersetzlich? Etwa in deiner Beziehung, an deinem Arbeitsplatz oder bei deinen Freunden?

Der frühere Mann meiner Königin erlebte dies in der Trennungsphase. Seit 20 Jahren spielte er nun Karten mit seinen Freunden und genauso lange verbrachten sie schöne und nahe Zeiten zusammen. Als nun die Trennung Realität wurde und es ihm schlecht ging, wartete er auf den Zuspruch, zumindest das Interesse seiner Freunde. Die Kartenabende fanden ja weiter statt, aber nichts geschah. Nach einer ganzen Zeit platzte es dann aus ihm heraus. Er war enttäuscht, also am Ende einer Täuschung angelangt. Seine „guten Freunde" wollten damit nichts zu tun haben. Dieses Thema könnte ja abfärben und überhaupt ist die Konfrontation mit diesen Fragen gesellschaftlich nicht besonders beliebt. Es würde bedeuten, einen tiefen Blick in den Spiegel werfen zu müssen und das ist ein Tabu!

Ein Verwandter, der in der Versicherungsbranche arbeitet, sagte letztens zu den aktuellen Entwicklungen der Geldsysteme: „Ich möchte *nichts* davon hören. Ich werde mir doch nicht den Ast absägen, auf dem ich sitze." Füttern wir unsere Wahrnehmung, also das, mit dem wir für uns festlegen, was wahr ist, weiterhin mit diesen leeren Inhalten. „Geiz ist geil, eng ist geil, Geld verdienen ist geil" und wenn die Leere uns erreicht, bitte, dann können wir noch saufen, ficken oder gesellschaftlich akzeptiert Medikamente zuführen, damit wir davon nicht so viel fühlen müssen.

Schließlich ist der Mensch nichts weiter als eine Ansammlung biochemischer Vorgänge und wenn wir vorne nur genug einschmeißen, wird hinten wohl das Richtige raus kommen. Das ist harter Tobak? Nein, es ist die Wirklichkeit.

Ich kaufte einmal für meinen Neffen einen seltenen Mercedes in Oldenburg. Dort waren neuerfolgreiche Internethändler in einer Halle in Gange, um ihrem Autofetisch zu frönen. Nette Jungs, wie ich sagen würde. Da ich fachkundig war, kam ich trotz Anzug und Krawatte schnell ins Gespräch. Die Autos waren mit viel Liebe aufgebaut, auch wenn ich weniger auf die dort überwiegend vertretenen VW-Szene-Fahrzeuge stehe. Handwerklich aber Top-Autos.

Ich berührte die Jungs durch meine Art und sie luden mich zu einem Bierchen mit Bratwurst ein. Ich bedankte mich höflich und antwortete frei heraus, dass ich kein Alkohol trinke und derzeit auch faste, also gar nichts essen würde. Daraufhin fragte der eine ganz nett, was ich sonst noch alles nicht machen würde?

„Ich rauche nicht, nehme keine Drogen und Tabletten, schaue kein Fernsehen und lese keine Zeitung", erwiderte ich wiederum frei und fließend. „Mein Gott, was machst du denn bloß den ganzen Tag?" fragte er überrascht aber ehrlich berührt. „Da gibt es schon noch so Einiges", sagte ich ohne Verzögerung und zwinkerte ihm zu. „Liebe machen, meine Liebste verwöhnen, Bücher schreiben und vieles mehr."

Wir verbrachten einen netten Abend dort und kauften das seltene Mercedes-Coupe. Die Jungs waren für einen Moment sprachlos.

Wenn wir erst sprachlos werden, wenn das Gesabbel dieser Welt einmal Pause hat, wenn die vielen Meinungen in uns aufgrund einer Berührung oder eines Kurzschlusses schweigen, dann haben wir die fast schon seltene Chance, uns wirklich zu erfahren.

In dieser Ruhe haben wir die Gelegenheit, uns wahrzunehmen, unser Bewusstsein neu befruchten zu lassen. Lebe radikal, liebe radikal, steh zu dir und deinen Sehnsüchten. Zeig dich ganz offen und steh zu dem, was sich in dir spiegelt. Die Welt braucht echte Menschen für ihre Weiterentwicklung.

Die gesichtslose, graue Masse ist darauf zum Überleben angewiesen, dass Einzelne in Individuationsprozessen eine Entwicklung machen und damit den Fortbestand sichern. Ob das alles besser ist als das Bisherige? Ob ich nicht voll im Urteil bin, so wie ich über die Inhalte schreibe? Aus meiner Sicht natürlich nicht.

Ich bin anders ausgeprägt, als die Menge um mich herum. Ich ermögliche den Fortbestand der Menschen nicht nur mit meinen drei Kindern, sondern indem ich mich meinen ganz individuellen Aufgaben widme und hingebe. Ich bin nicht besser und natürliche Liebe ist nicht besser als etwas Anderes.

Die Zeit ist nur reif dafür und wer einen geilen, spritzenden Samenerguss erleben will, der soll es gerne weiterhin tun. Ich erlebe ihn so nicht mehr und was ich erlebe, mache ich zugänglich. Du bist derjenige, indem das resoniert, also eine Wirkung entfaltet, oder eben auch nicht. Vielen erscheint das unvertraut, geradezu kompliziert.

Die Frau als Königin, das fehlt mir gerade noch. Und wer macht da die Wäsche oder das Essen? Wir benötigen eine neue Umgangsweise mit diesen Themen, die alte ist leider an vielen Stellen leer und überholt, sie ist eigentlich schon zerfallen.

Es ist durchaus schmerzhaft, unsere Wahrnehmung an diesen Stellen frei zun machen und die Wirklichkeit zu betrachten. Die neue Zeit und ihre Aufgaben verlangen aber ebenso ein neues Bewusstsein, um diese Welt anders zu erleben.

Vertiefung: Ernährung in Beziehungen

Ein besonderes Thema ist die Betrachtung der Ernährung in Beziehungen. Von welchen Inhalten und Beziehungen ernähre ich mein Sein, unmittelbar oder auch im übertragenen Sinne?

Im IGING, dem chinesischen Buch der Wandlungen, ist diesem Inhalt ein ganz eigenes Bild gewidmet. In unserem Erleben von Liebe und Beziehung erscheint oft erst einmal alles gut und ausgeglichen. Menschen finden sich zusammen und vermehren ihre Fähigkeiten für was auch immer. Es sind manchmal ganz konkrete Ziele, manchmal ganze Lebensbilder, aber oft ist es auch nur Zeit, die wir miteinander verbringen.

Schauen wir uns klassische Paarbeziehungen nach Jahren genauer an, entsteht vielfach der Eindruck, es werden Energien einfach nur noch hin und her geschoben. Geht es dem einen besonders gut, geht es dem anderen eher schlecht. Gibst du mir nicht das, was ich so dringend benötige wie Sicherheit, Geld, Sexualität, Versorgung, Gewohnheit, bekommst du von mir eben auch nichts zurück. So oder so ähnlich kann man diesen Zustand von langjährigen Partnerschaften beschreiben. Diese sterben ab, die Energien verschleißen sich teilweise nur noch und ein Zufluss im Sinne einer Vermehrung oder Ernährung findet insbesondere nur noch materiell statt.

Sind die normalen Inhalte aus der bekannten Maslowschen Bedürfnispyramide erst einmal erfüllt, müsste ja zum Abschluss eigentlich die Selbsterkenntnis oder Transzendenz thematisiert werden.

Für diese Individuationsprozesse gibt es unzählige Angebote unterschiedlicher Qualität, die 1-2 Mal pro Woche für einen kurzen Moment den Eindruck erwecken, sich mit der eigenen Entwicklung zu befassen.

In Partnerschaften sind gerade Frauen meistens an solchen Entwicklungen interessiert. Nähe zueinander geht dabei immer mehr verloren. Sie geht eben zum Yoga und er guckt Fußball, passt doch ideal. Wenn sie aber beim Abendbrot-Ritual den Schinken nicht wie sonst anreicht, ist der Teufel los. Das wird alles bemerkt und ist entsprechend bemustert. Die Gewohnheit aus Jahrzehnten des Schlagabtausches schafft Spielflächen ungeahnter Perversion. Die Menge von kleinen, scheinbar nebensächlichen Verletzungen der ganzen Zeit, tritt gnadenlos zutage. Versuch einmal, deinem Partner in einer bestimmten gut eingeübten Situation ein neues Verhaltensmuster anzubieten und du wirst eine deutliche Reaktion erleben.

Insbesondere in fortgeschrittenem Alter gipfeln diese Schlagabtausche teilweise in regelrechte Heimzahlungsorgien. Ist ein Partner hilflos auf einem Gebiet oder gar pflegebedürftig, kann der andere endlich seinem Ärger Luft machen und zurückschlagen. So oder so ähnlich läuft es in vielen Beziehungen, die ich wahrnehme. Alternativ gibt es noch das Programm, sich einfach kaum zu sehen. Jeder hat sein eigenes Lebensthema, seine Vereine, seine Freunde und man lebt zusammen, wie in einer gut organisierten Wohngemeinschaft.

Sexuelle Liebe findet dabei kaum mehr statt, denn das wäre zu viel verlangt. Das ist zu hart? Wenn es noch nicht so ist, warte noch ein wenig, vielleicht zeigt es sich bei dir auch noch in dieser Art.

Die Ernährung ist dann so angelegt, dass die Energien in einem fixen Rahmen gehalten werden, ähnlich wie bei einem Drogenabhängigen, der auch seine Dosis braucht, um klarzukommen. Ideale Partnerschaften haben dabei das Modell 1+1=2, oft hat man eher den Eindruck 1+1=1 oder noch weniger! Die Energielosigkeit, die mangelnde Entwicklungsfähigkeit wird nicht so stark gespürt, wenn materielle Aufgaben einen großen Raum einnehmen. Die Abzahlung von Haus, Autos oder was auch immer, die Erziehung der Kinder, das berufliche Fortkommen, all diese lebenswichtigen Inhalte verdecken das eigentliche Dilemma recht gut. Diese Ernährung schafft also oft Materie, was an sich weder gut noch schlecht ist. Allerdings bindet diese zusätzlich. Das gibt Sicherheit und lässt einen ruhig schlafen, nur eben nicht miteinander.

Eine Freundin fordert deshalb die Möglichkeit, auch in der Ehe Fremdbeziehungen aufnehmen zu können, um diesen Punkt der sexuellen Liebe weiter zu erleben. Es ist sicher irgendwie ein Weg, aber letztlich nicht meiner. Nach meiner Erfahrung und für meine Anlage entsteht daraus nicht das, was Menschen sich so sehnsuchtsvoll wünschen – eine intensive Beziehung mit einem Gegenüber. Natürlich kann es sehr anregend sein, mit einem Partner guter körperlicher Passung Sexualität neu zu erleben. Aber ob es dabei möglich ist, in bestimmte Tiefen zu gelangen, bleibt nach meiner Erfahrung fraglich.

Zusätzlich besteht die hohe Wahrscheinlichkeit, dass beim Erleben solcher Tiefen der Wunsch entsteht, mit diesem neuen Partner sein Leben zu teilen. Das sehen wir mit stark zunehmender Tendenz um uns herum und ich empfinde dies als durchaus in Ordnung.

Wir dürfen dadurch gemeinsam lernen, diese gesellschaftlichen Fragen neu zu betrachten und Lösungen zu finden. Begegnet dir die natürliche Liebe, stellt sich lediglich die Frage, ob du die Intensität und den damit verbundenen Prozess aushalten kannst und wie geduldig du darin bist. In diesem Modell ist 1+1>2! Die Speisung erfolgt aus einer ewigen Quelle, was nicht nur empfunden, sondern auch sichtbar wird. Der daraus resultierende Frieden ist so deutlich, dass Dritte dieses Phänomen sofort bemerken. In der natürlichen Liebe finden die Themen Selbsterkenntnis, Reifung und Transzendenz einen großen Raum.

Wenden wir uns für einen kurzen Augenblick anderen, nicht intimen Beziehungen zu, stellen wir Ähnliches fest. In der Arbeitswelt, aber auch in anderen Gruppenprozessen, findet das Energiemodell der Begrenzung statt. Können wir die unsichtbare Welt hinter der normalen Wahrnehmung nicht fühlen oder begreifen, bleiben die Ernährungsmodelle ein reiner Verschiebebahnhof. Im Ideal werden deine Energien wenigstens materiell abgegolten, aber eben auch nicht immer. Von der Wiege bis zur Bahre funktionieren, so die Vorstellung eines modernen Menschen. Nie krank, immer willig, immer freundlich und keine allzu großen Ansprüche, so sieht es doch auch in vielen Betrieben und Beziehungen aus. Und wenn nicht, dann musst du eben repariert werden, damit Null-Fehler-Programme Wirklichkeit werden.

Als ich in der Unternehmensleitung tätig war, konnte ich Menschen auf ihrem Weg zur Selbstfindung begleiten. Diese Entwicklungen fand ich oft spannend und betrieblich haben sie letztlich nie geschadet. Diese Art einer Unternehmenskultur ist heute aber vielfach noch unüblich und verursacht sogar starke Ängste.

Wie kann ein Arbeitgeber darüber glücklich sein, dass ein Mitarbeiter vom Weg abkommt? Wie kann er darüber glücklich sein, dass persönliche Entwicklungen stattfinden und welcher Schaden entsteht dabei betriebswirtschaftlich? Nach meiner Erfahrung entsteht kein betriebswirtschaftlicher Schaden, sondern ein Zauber, der das gesamte Unternehmen beflügelt. Diese Art der Wirkung ist heute immer noch unbekannt und wird gefürchtet. Beziehungen, die aus einer tieferen Quelle gespeist werden, benötigen Vertrauen und Hingabe.

Einer muss schließlich das Sagen haben, den Hut aufhaben und das ist derjenige, der den Energieverlauf bestimmt. Der braucht dann auch nicht vertrauen, sondern hat eine Art willkürliche Macht über die Dinge. Diese Inhalte des altehrwürdigen Patriarchats werden sich leider auflösen, leider deshalb, weil das Eintreten der neuen Zeit mit erheblichen Übergangswehen verbunden ist.

Die Ehe wird sich auflösen, zumindest in der unnatürlichen Form der Besitzsicherung. Sie wird neu entstehen, aus einem natürlichen Gefühl tiefer Liebe und Verbundenheit.

Meine Tochter wollte als Ritual statt einer Hochzeit ein Waldbarfußfest veranstalten. Solche Ansätze, die aus dem Herzen fließen, werden zukünftig gebraucht.

Ich mache Mut, fordere dazu auf, nährende Beziehungen zu führen und nicht formal basierte Ehen und Partnerschaften aufrechtzuerhalten, deren Inhalt längst verdampft ist. Ich fordere dazu auf, Unternehmen zu gründen, die solche Inhalte ins Leben holen.

In einem interessanten Vorstellungsgespräch für eine Leitungsfunktion machte ich meine Denkweise zugänglich und beschrieb die alten Mechanismen. Ein Teil der Entscheider musste lachen, weil ich die überalterten Inhalte punktgenau beschrieb. Der andere Teil hatte erhebliche Angst, eine Alternative in Betracht zu ziehen. Dies gilt vor allem aber auch für unsere intimen Beziehungen.

Mein ehemaliger Kollege hatte seine Frau insbesondere deswegen geheiratet, weil sie sonst in der alten Zeit keine vernünftige Wohnung bekommen hätten. Natürlich hatte er sie irgendwie auch lieb. Als er dann keine Kinder mit ihr hatte und viele Inhalte der klassischen Eheschließung ebenso nicht sichtbar wurden, kam er immer wieder darüber ins Grübeln. Was wäre, wenn er es damals anders gemacht hätte?

Aber nichts gibt so viel Sicherheit, wie gewohnte Umgebung und ich habe auch erfahren, wie schwierig eine gesellschaftlich gute Verbindung zu lösen ist. Flüchten ist dabei einfach, aber was sollte das bringen? Sich den Aufgaben zu stellen, die Inhalte genau und schmerzlich zu begreifen, bevor etwas Neues sichtbar wird, das ist eine andere Art des Erlebens.

Ich wünsche dir vor allem nährende Beziehungen und das Erleben, wie sich diese in deinem Leben ausbreiten. Wir brauchen das alle so dringend!

Tantra

Ohne in dieses Thema zu tief *eindringen* zu wollen, hier noch ein paar Bemerkungen zu den mir bekannten, modernen westlichen Ausprägungen alter Lehren und Techniken. In meiner Wahrnehmung ist Tantra keine schöne Spielart der Sexualität, sondern eher ein Lebenssystem, eine Religion oder Philosophie, die deutlich weiter reicht, als nur die körperliche Liebe. Hier geht es um Eins-Sein, um Vereinigung mit dem Himmel und damit um tiefe Erfahrungen, die nicht nur von dieser Welt sind.

Die Spielarten, die heute in Workshops und Wochenendseminaren unter diesem Namen angeboten werden, sind teilweise geradezu grotesk. Die westlichen Ausprägungen beschäftigen sich im Gruppenerleben mit freier Sexualität, Partnertausch und fast pornografischen Inhalten. Im Kreis sitzend zuschauen, wie meine Frau herumgeht und dabei in jeder Drehung eine andere Frau auf dem eigenen Schoß sitzen zu haben. Das ist eine seltsame Art, freiere Formen der körperlichen Liebe zu zelebrieren und das dann Tantra zu nennen. Auch die vollkommen gefühlsentleerte Variante als Allheilmittel ganz losgelöst vom Gegenüber nur die reinen, abstrakten Energien zu nutzen, bleibt mir bis heute vollkommen fremd und verschlossen. Es wird sicher für alle diese Spielarten begeisterte Menschen geben, die genau solche Erfahrungen dringend machen wollen. Ich habe auch nichts dagegen, es ist nur nicht meins. Ein alter Geschäftsfreund, der auch swingen geht und in diesem Sektor immer neue Impulse benötigt, besuchte einmal eine solche Veranstaltung. Die Chemie passte irgendwie nicht, so seine ernüchternde Erfahrung aus diesem Versuch anderer Sexualität.

Ich halte diese Inhalte für so tiefgreifend, die darin verborgenen Programme für so wirksam, dass mir ein leichtfertiger Kontakt regelrecht gefährlich erscheint.

Ergänzend ein kleiner Satz von Autor Jürgen Fischer, der viele Erfahrungen in diesem Thema gesammelt hat: „Sitzen dem Yogi erst einmal die hübschesten Frauen auf dem Schwanz, ist es mit seiner Enthaltsamkeit oft vorbei". Die reine Vorstellung einer östlichen Exotik bleibt beidseits leer. Es gilt in allen diesen Fragen, einen ganz eigenen, natürlichen Weg zu finden und diesen vorbehaltlos zu gehen. Die von uns verdrehten altehrwürdigen östlichen Wahrheiten haben dann auch noch den Nachteil, dass sie sich einen Missbrauch nicht bieten lassen. Also mahne ich hier durchaus zur Vorsicht.

Ich besuchte einmal einen befreundeten Arzt, der im Weserbergland eine Klinik für Traditionelle Chinesische Medizin aufbaute. Es war eine große Klinik mit vielen chinesischen Medizinern und er äußerte sich offen zu seinen Absichten: „Frank, das wird die beste Gelddruckmaschine, die ich jemals hatte" und er war bisher sicher erfolgreich mit seinem Tun. Unter anderem war er damals der jüngste Chefarzt einer Klinik im norddeutschen Bereich. Ein alter Universalgelehrter, mit dem ich damals unterwegs war, sagte dazu leise Folgendes: „Der wird sich noch wundern, die alten Chinesen werden ihm kräftig in den Hintern treten." Bereits acht Wochen später war die Klinik in Insolvenz! Mein Freund der Arzt hat sich bis heute nicht davon erholt und die alten Chinesen hatten ihm auf einer anderen Ebene leiblich gezeigt, was sie von solchen Motivationen halten. Die Krankenkassen hatten ihm umfangreiche Verträge in Aussicht gestellt und nach einer mündlichen Zusage unerwartet einen Rückzieher gemacht. Das ist das wahre Leben.

Alte Programme dieser Welt, wie in den Matrix-Filmen der Merowinger, sind etwas wie eigene Wahrheiten und sie haben die Macht, diese Inhalte auf eine ganz besondere Art zu schützen. Du kannst sicher auf einer bestimmten Ebene stressfrei in den nächsten Swingerklub gehen. Aber wenn du meinst, du könntest dieses Erleben dann Tantra nennen, weil irgendein Guru dir dies einflüstert, rechne einfach mit dem Schlimmsten.

Wer nicht auf der Strecke bleiben will, muss vom Weg abkommen. Wenn wir die Feinheit der natürlichen Liebe erleben, wenn wir diese Energien als Heilung in unserem Leben erkennen, bildet das die Grundlage, die ganze Welt neu kennenzulernen. Der umstrittene Wilhelm Reich hatte in seinem Ansatz der genitalen Liebe als Heilung der Menschen später erkannt, dass die Rettung dieser Welt vor allem in der Entwicklung unserer Kinder ruht. Eine Heilung der Erwachsenen-Welt scheint mehr als unwahrscheinlich, weil Heilung oder Heiligung keine Symptomkuriererei sein kann.

Es ist schon ernüchternd zu sehen, wie sehr sich der Mensch wünscht, in seinen Lebensbedingungen zu funktionieren. In der Beratung und Begleitung von Menschen stelle ich immer wieder fest, dass sie einerseits ihre künstliche Rolle auf hohem Niveau ausfüllen wollen, andererseits überhaupt nicht im Reinen mit sich sind. Sie haben das tiefe Wissen eingeprägt bekommen, dass sie nicht in Ordnung sind. Dann jagen sie auch noch einem Bild nach, das unerreichbar ist. Deshalb wird die Erfüllung entsprechender Wünsche, beispielsweise im Christentum, ins Jenseits verschoben. Nur das lässt Menschen lebenslänglich funktionieren. Wie der Windhund, der den Hasen vor seiner Nase zumindest im Rennen niemals bekommt.

Der größte Therapieerfolg besteht darin, dass mein Gegenüber sich ganz in Ordnung fühlen darf.

Du bist in jedem Augenblick, so wie du bist, in Ordnung.

Aber ich bin oft traurig und das ist wohl schon eine Depression oder ich bin oft hin- und hergerissen, das ist wohl schon eine Bipolare Erkrankung. Unsinn, jeder Mensch hat Schwankungsbreiten und je offener und sensibler er ist, desto mehr empfindet er sie. Du bist in diesem Augenblick perfekt, genauso, wie du eben bist. Und wenn du gerade geilen Sex erlebst, ist das in Ordnung. Heute darfst du erfahren, dass es noch ganz andere Ausprägungen der körperlichen Liebe gibt und wenn du mit der klassischen Sexualität fertig bist, erinnerst du dich vielleicht an mich und lernst die natürliche Liebe selbst kennen.

Aber diese Gedanken

Gedanken nehmen in uns so viel Raum ein, dass wir diesen einzigartigen Moment nicht mehr sehen können. Die ganze Schönheit, die Dankbarkeit unserem Erleben gegenüber, bleibt uns verschlossen. Hast du schon einmal *Geh-danken* so erlebt, wie es das Wort ausdrückt? Geh los und danke für dein Sein. Geh durch die Natur und danke dem Lebendigen dafür, dass du das alles erleben darfst. Geh-danken sind also etwas ganz anderes als *Ver-stehen*. Wir alle *Sitzen* heute fest, wir haben jegliche natürliche Bewegung verloren und sitzen, sitzen, sitzen. Aus dieser Perspektive des Sitzens ist das Verstehen bereits klar. Wir wollen etwas festhalten, uns absichern und das ist eine Folge des Sesshaft-Werdens. Wenn du gehst, wenn du läufst, wenn du die Erfahrung beispielsweise eines Halbmarathons machst, dann wirst du erleben, wie sich alle deine Gedanken der klassischen Art auflösen. Diese Auflösung der Gedanken ist ein ganz wesentlicher Vorgang.

Wir finden Ruhe in uns, wir sind in natürlicher Weise *Eins* mit allem um uns herum und wir speisen uns plötzlich und unerwartet aus einer Quelle, die uns fast verborgen und unwirklich erschien. Das berühmte *Jetzt* der Zeitphilosophie kann nur erlebt, aber nicht *besessen* werden. Der Verstand kann diese und andere Konzepte hervorragend für seine Geschichten benutzen, doch das Erleben ist dann unvollständig oder künstlich. Wir brauchen Gefährte, also Fahrzeuge, die uns über unsere Schwellen hinweghelfen, die uns diese andere Art des Seins erleben lassen. Diese eine Wirklichkeit des Lebendigen dürfen wir dann wieder frei und leiblich wahrnehmen.

Von diesen Gefährten gibt es sicher verschiedene, aber ein ganz zentrales ist die natürliche Liebe. Ein Freund von mir ist Tai-Chi Lehrer und legt großen Wert darauf, dass man diese Erfahrung auf verschiedene Weise machen kann. Er betont, dass man eine Harmonie aus vielen Puzzlesteinchen zusammensetzen kann. Das sehe ich genauso, doch die natürliche Liebe ist zentral und betrifft jeden. Sexuelle Liebe ist ein dem Menschen immanentes Thema. Es betrifft uns erst einmal alle, egal in welcher Form und Ausprägung. Es ist leider auch einer der Lebensbereiche, der am meisten verfremdet, also neurotisch erlebt wird.

Ich würde mich freuen, wenn dieses Buch auch von Jugendlichen gelesen wird, die damit die Freiheit ihrer echten Gefühle und Bedürfnisse sehen lernen. Ihr seid die Zukunft dieser Welt und mit jedem neuen Kind besteht in dieser Welt die einzigartige Chance, grundlegende Veränderungen Wirklichkeit werden zu lassen. Eure Wahrnehmung ist vollkommen in Ordnung. Lasst euch nicht verleiten, etwas daran zu ändern. *Wir brauchen euch so dringend!*

Die Zeitqualität

Nicht nur die von mir geschätzte Astrologin Ruth Siegenthaler, sondern viele andere verwenden das Wort „Zeitqualität". Es ist so etwas wie die Reife der Zeit, oder eben die Übereinstimmung mit der Zeit, die passende Inhalte beflügelt. Ist die Zeit reif oder sind wir wirklich reif, diese Veränderungen zu erleben? Für mich ganz persönlich scheint diese Frage beantwortet, denn sonst würde ich hier nicht sitzen und schreiben. Aber ist die Zeit auch kollektiv reif für diese Veränderungen?

Ich kann und will diese Frage nicht beantworten, da sie mich nicht interessiert. *Inter-esse* heißt dazwischen sein und ich bin nicht dazwischen. Ob andere Menschen ebenso nicht dazwischen sind, werden wir sehen. Der grüne Planet, ein Wunschfilm der schönsten Ausprägung aller esoterisch angehauchten Umweltschützer, zeigt folgenden Aspekt ganz deutlich: Wir dürfen erst erleben, wie die Dinge sich ausweiten, sie eine Reife erlangen und erst im Überschreiten dieser Reife geschieht die natürliche Bewegung einer Veränderung.

Aus vielen Lebensbereichen kennen wir dieses Prinzip. Lass die Inhalte groß werden, überschreite die Grenzen und dann kommen sie zur Veränderung. Ein paar Beispiele: Akkupunktmassage - Schmerzpunkte werden so lange vertiefend stimuliert, bis die Beschwerden aufhören. Schmerztherapie - Menschen gehen so tief in ihren Schmerz hinein, bis er sich gänzlich transformiert. Validation, eine Kommunikationstechnik zum Umgang mit Demenzkranken - Gefühle, und seien sie vermeintlich negativ, werden so weit zugelassen, bis sie zusammenschnurren, sich auflösen und dadurch einen neuen Zugang ermöglichen.

Schauen wir uns die heute immer noch üblichen Therapien beispielsweise bei psychosomatischen Erkrankungen an, erleben wir tatsächlich fast Gegenteiliges. Wenn Schmerz kommt, schmeißt du einfach eine Pille ein, wenn Traurigkeit kommt, schmeißt du einfach eine Pille ein, wenn Gefühle an Intensität zunehmen, werden diese klein gemacht, beschwichtigt. Wenn Gedanken an Selbstmord Raum greifen, geht keiner bis an die Grenze mit, aber ein Medikament wird gerne gegeben. Wir wissen heute bereits in allen Gebieten, dass Zulassen und Ausleben der Inhalte bis an die Grenze heran die Schlüssel zur Heilung sind. Doch wer will schon mitgehen, wenn ein Mensch die dunkle Nacht der Seele erlebt? Wer will schon für einen Menschen da sein und ein Gegenüber sein, wenn er diese Grenzen berühren muss? Das löst selbst bei Therapeuten tiefe Angst aus und der Hinweis auf Selbstmord beendet fast jedes Gespräch aus Angst, eine Mitverantwortung übernehmen zu müssen.

Wenn eine besondere Freundin von mir die Menschen bei Krebserkrankungen durch die Nacht begleitet, sie hält und diesen unendlichen Schmerz der ganzen Welt mit verarbeitet, wenn sie Mothering gewährt und das Gegenüber nicht allein lässt, dann darf sie sich zumindest der Ablehnung unserer klassischen Medizin ganz sicher sein. Diese Vorgehensweise ist aufs Schlimmste zu verurteilen. Wer darf im therapeutischen Bereich überhaupt für ein Gegenüber da sein, ganz körperlich, wem ist das erlaubt? Wer darf die dunkle Nacht der Seele teilen? Es gibt schließlich Grenzen und im Arm halten, Streicheln, Mothering, das sind solch krasse Überschreitungen professioneller Vereinbarungen, dass man das einfach niemals akzeptieren kann.

Wenn diese Methoden der körperlichen Nähe in vielen Jahren durch Studien und Nachweise in eine zertifizierte Therapieform münden, dann vielleicht. Aber bis dahin gehen wir unseren legeaten Weg der professionellen Distanz, denn darin zeigt sich schließlich unsere echte Individualität!

Die Reife der Zeit entsteht nicht nur kollektiv, sie benötigt individuelle Träger, die diese neuen Inhalte vorher schon ausleben, sie testen und damit den Nährboden für die notwendigen Veränderungen vorbereiten. Gehst du ganz persönlich mit in dieser Zeit, oder wartest du lieber sicher und geschützt in der Masse, bis die Veränderung unumgänglich wird?

Passung

Kommen wir zu einem ganz besonderen Thema, über das ich im Zusammenhang mit dem Buch etwas zwiespältig war. Die Passung der Partner. Dieses Thema ist sicher ein Schlüssel zum Erleben und es stellt sich für mich an dieser Stelle die Frage, wie das Kapitel ausgehen wird. Ich bin selbst ganz gespannt darauf.

Bei der Begleitung von Menschen erlebe ich immer wieder, wie wichtig die Passung in Partnerschaften einerseits ist und wie frustran es sein kann, wenn die Basis einer gesunden Übereinstimmung nicht gegeben ist. Ich werde dabei zwei Formen in Bezug auf die natürliche Liebe beschreiben. Die durchschnittliche langjährige Beziehung, sei es als Ehe oder eben ohne Trauschein, hat ja meistens einen so festen Rahmen, dass es schwierig erscheint, grundlegende Veränderungen zu erleben. Öffnen sich die Partner allerdings gemeinsam für die natürliche Liebe, scheinen alle beschriebenen Inhalte möglich zu sein. Diese Öffnung geht für mich auf einer inneren, wahrhaftigen Ebene. Wer eine Ergänzung für sein angestaubtes Sexualleben sucht, ist hier sicher nicht wirklich gut aufgehoben. Warum, magst du fragen? Ich beschreibe hier das Gefährt der Götter, also eine Art tiefgreifende Wahrheit oder ein Urprogramm. Dieses lässt sich wie beschrieben nicht einfach für andere Zwecke missbrauchen und bringt im reinen Erleben immer starke Veränderungsprozesse mit sich. Wer eine Auffrischung seiner körperlichen Liebe möchte, dem seien andere Angebote auf dem Markt empfohlen. Von der abgewandelten Form des Tantras habe ich ja andeutungsweise berichtet.

Bist du dir mit deinem Partner einig, dass die Ansätze dieses Buches ganz tief in dir resonieren oder ihr es einfach einmal ausprobieren möchtet, solltet ihr dies tun. Aber wie komme ich nun dazu, diese Art der Liebe ganz körperlich zu erfahren. In unseren Workshops geben wir die Möglichkeit, diese feinen Energien erfahrbar zu machen. Da diese aus der Körpermitte kommen, kannst du sie in vielen Spielarten zugänglich machen. Eine gute Yogatherapeutin, eine Erfahrene im Bauchtanz, bestimmte Formen des Paartanzes oder unzählige andere Möglichkeiten stehen dir meist auch vor Ort offen. Dabei ist es wichtig, nicht Monate mit dem Erlernen von Inhalten oder gar strukturierten Formen zu verbringen, sondern besser in wenigen Stunden diesen Punkt zu berühren. Spürst du meist durch Bewegung diese Energien aus der Körpermitte, kannst du sie in die körperliche Liebe übertragen.

Durch den Abdruck, der in diesem Buch verschenkt wird, hast du eine ungefähre Vorstellung, wie das sein wird. Versenke dich dabei mit deinem Partner in einen Austausch über die gemeinsamen Inhalte. Lass doch einfach einmal heraus, was dich bei der körperlichen Liebe bisher eher hinderte. Es geht um die Hingabe, das Vertrauen zueinander, ohne dass eine solch offene Form der Liebe nicht möglich ist.

Erzähle einfach davon, welche Ängste du als Mann immer hattest, nicht genug einstöpseln zu dürfen und welche Verhaltensweisen dies bei dir ausgelöst hat. Vielleicht hast du auch die ganzen Probleme, ein guter Liebhaber zu sein, zu früh einen Samenerguss zu erleiden oder das dein Schwanz nicht gleich erigiert oder eben nicht lange genug erigiert. Alle die darin verborgenen Themen dürfen in dieser geschützten Atmosphäre der natürlichen Liebe gesehen und ausgesprochen werden.

Geh dabei so tief und weit, wie es dir irgendwie möglich ist. Vielleicht hast du als Frau ein frühes Erleben gehabt, das dich prägte oder verschloss. Vielleicht hat dich ein Gegenüber abgelehnt und unterworfen, vielleicht warst du mit deinem Körper nie einverstanden oder hattest das Gefühl, dein Partner wäre nicht zufrieden mit dir. Deine Brüste sind zu klein, zu hängend, zu groß, deine Schamlippen sind nicht fest oder was auch immer. Es gibt immer irgendetwas, das sich in uns als „Nicht in Ordnung sein" abgespeichert hat. Diese Inhalte wollen gesehen und in Liebe gelöst werden.

Ja aber, so könnte ich mit meinem Partner nun wirklich nicht sprechen, was der wohl dazu sagt? Hast du es ausprobiert und was kann passieren, außer dass die unbefriedigenden Inhalte einer Lösung zugeführt werden? Was kann dir passieren, außer die Wirklichkeit an dich heranzulassen? Wie kannst du erwarten mit einem Menschen erfüllende körperliche Liebe zu genießen, der dir so fern ist, dass du diese dich ganz tief betreffenden Inhalte nicht einmal kommunizieren kannst?

Es gehört viel Mut und Kraft dazu, diese Grenze zu überschreiten und den Weg zu verlassen! Oder möchtest du lieber auf der Strecke bleiben? Sicher kann die Öffnung deiner selbst zu einer Zerstörung deiner Beziehung führen, aber ist das dann nicht womöglich längst überfällig? Es gibt ja eine Menge Hilfen der normalen Sexualtherapie. Da wäre beispielsweise die Möglichkeit, einander überhaupt gänzlich unverstellt sehen zu können. Natürlich benötigt es kein gleißendes Licht, da ihr ja keinen Porno drehen wollt, aber es wäre schön, sich einander zumindest zu zeigen.

Wenn du dieses Buch liest, scheint das Thema irgendetwas mit dir zu tun zu haben. Du bist also auf der Suche nach Antworten auf deine Fragen. Zeig dich deinem Partner ganz, sonst kann er dich ja nicht sehen. Aber ich bin unzufrieden, weil mein Schwanz so kurz oder meine Brüste so hässlich sind! Meinst du, sie werden schöner, weil du dich nicht zeigst? Meinst du, dein Schwanz wird größer, weil es dunkel bleibt? Schaffe eine Atmosphäre, die sehen und erkennen möglich macht. Nimm dir ein wenig Zeit, um dich nackt und in Ruhe zu zeigen. Nacktheit ist in diesem Zusammenhang etwas wie Echtheit, denn Liebe entsteht abseits von Reizwäsche, Push-Ups oder Lederklamotten. Liebe ist schlicht, einfach, natürlich und pur. Rasiert euch vielleicht einfach einmal ganz in Ruhe gegenseitig, wenn ihr es mögt. Aber sind Haare nicht auch natürlich?

Ich gebe hier nur Impulse, es gibt keine Vorschriften in der natürlichen Liebe, sie findet dich. Gegenseitiges Intim-Rasieren schafft eine besondere Atmosphäre, es hat mit Achtsamkeit und intimer Nähe zu tun. Ich persönlich finde es immer wieder berührend, ohne Fetisch. Wenn ihr euch liebt, gewährt dem Gegenüber Einblick in eure Augen, damit öffnet ihr euch gegenseitig. Das kann ich nicht, höre ich dich sagen. Doch, das kannst du und es ist schön. Übe es einfach, nimm einen Impuls auf und du wirst sehen wie schön und anders es ist, bei einem Orgasmus in den Augen des Gegenübers zu versinken. Es ist wie ein großes Geschenk, sich ganz zu zeigen.

Nehme Kontakt mit deinem und dem anderen Körper auf, nimm dir dazu Zeit und vielleicht ein wenig hochwertiges Massageöl.

Du kannst daran üben, den ganzen Körper des Gegenübers zu streicheln, ohne geil zu werden. Das ist eine tiefe Sehnsucht der Frau, die aus Erfahrung gelernt hat, dass es zwanghaft mit Sex endet. Du kannst fühlen, wie die Erregung kommt und geht, ohne dass sie einen Zwang zum Eindringen oder Samenerguss erzeugt. Wenn dieser Zwang auftaucht vereinbart vorher, wie ihr damit umgehen wollt. Wie gesagt, er hat oft das Grundproblem, das er nicht frei eindringen durfte und dafür immer Gegenleistungen in Form von Verhalten erbringen sollte. Sorgt für einen Samenerguss und macht dann einfach in Liebe weiter.

In dieser Phase werdet ihr merken, wie eine Art Dynamik entsteht, die euch irgendwie dabei beflügelt, die vorhandenen Erfahrungen neu zu erleben. Ein Samenerguss ist eine gute Grundlage, um zur eigentlichen Liebe, zum Genuss zu kommen. Macht euch bewusst, dass alle Meinungen darüber, wie und wann irgendetwas zu geschehen hat, Programmierungen sind, die ursprünglich nur der Machterhaltung dienten. Macht euch bewusst, dass ein Orgasmus oder ein Samenerguss nicht das Ende, sondern der Anfang einer schönen körperlichen Erfahrung sein kann.

Aber im Hintergrund sind da noch die Kinder und diese vielen Themen von Haushalt, Wäsche, Arbeit und immer so weiter. Habt ihr Räume im Sinne von Zeiten, in denen ihr lest, Fernsehen schaut oder sonst etwas in dieser Art? Was wäre, wenn ihr zu diesen Zeiten Liebe erlebt, diese neue Art der Liebe, die euch entspannt, die euch aus einer Quelle speist, die nicht im hin- und herschieben von Energien, sondern im Erleben gänzlichen Friedens mündet?

Wer nicht auf der Strecke bleiben will, muss vom Weg abkommen.

Werft eure Muster über Bord, oder ihr sterbt bereits sehr früh auf eine unangenehme, fast ausweglose Weise, obwohl ihr womöglich noch lange hier lebt. Stellt eure Ernährung um! Hier meine ich nicht nur die körperliche, äußere Ernährung, sondern die energetische!

Macht euch bewusst, mit wem oder was ihr in einem Nahrungskreislauf steht. Fühlt einmal hinein, wie diese Art der Ernährung euch begleitet, was daraus erwächst. Du bist, was du isst und das gilt nochmals mehr auf der energetischen Ebene der Beziehungen und mentalen Geflechte. Achte darauf, die Ernährung zu verfeinern. Kultiviert die Gewohnheiten dahinter, damit ihr den Zugang zu den feinen Kanälen finden könnt.

Natürlich gibt es in dem Bereich des Wissens des Inneren viele Hilfsmittel, die euch nützlich sein können. Aber viel einfacher und kostengünstiger ist die Aufgabe der bisherigen Bewusstseinsfelder. Das kostet nichts, schafft sofort Raum für anderes Erleben und gibt auch Zeit und Energie direkt frei.

Verzichte doch einmal auf Fernsehen, Zeitung oder andere lieb gewonnene Inhalte. Sag deinem Partner, dass du diese Zeit der aufgegebenen Inhalte mit ihm verbringen möchtest, nur und ganz mit ihm. Sag deinem Gegenüber, wie gerne du mit ihm oder ihr bist und lass es auch fühlbar werden. Ich meine nicht die neue Unterwäsche oder die neue Frisur. Ich meine den unmittelbaren direkten Weg, Zeit mit dem anderen zu verbringen.

Keinen Kick, keine Hinwendung im Sinne von – ich werde mir zukünftig wieder mehr Mühe geben – sondern das natürliche Empfinden, mit dem anderen vereint zu sein. Dazu benötigt es nichts, außer dem offenen Kanal der natürlichen Liebe.

Als ihr euch kennenlerntet, als diese besondere Anziehung spürbar war, was benötigte es außer ein wenig Zeit füreinander? Waren da materielle Inhalte schon die Grundlage eurer Liebe? Wenn ihr von Luft und Liebe leben konntet, warum ist das heute nicht mehr möglich? Der reiche Jüngling in der Bibel kam zu Jesus. Er hielt alle Gesetze vorbildlich und wollte fragen, was er noch tun müsste, um in den Himmel zu kommen? Jesus antwortete frei übersetzt: Verkaufe alles, was dich bindet, werde frei und genieße das Sein, dann bist du bereits da. Wenn euer Haus, eure Kredite, eure Autos oder die neuesten Handys eurer Kinder euch so binden, warum löst ihr sie nicht auf? Wollt ihr euch bis zum Ableben dieser kurzen Spanne darüber grämen, was euch alles davon abhält, endlich zu tun, was euer Herz verlangt? Das ist doch grotesk und nicht zu glauben!

Wie fühlte sich das an, als du das letzte Mal in Liebe warst, so ganz schlicht und pur mitten aus deinem Herzen und wann war das? Ist es so lange her, dass dein Herz schon pectöse Beschwerden produziert, damit du dich endlich erinnerst? Ist dein Herz schon so versteinert, dass dir die materiellen Inhalte wichtiger Erscheinen, als deine echten Gefühle? In der Beratung kommt dann meistens der Satz, der mit *Aber* beginnt und er mündet in den klassischen *Wenn-Satz*. Möchtest du erst den Krebs in dir spüren, um dich lebendig fühlen zu dürfen? Was muss geschehen, damit du dich endlich traust, zu dir selbst zu finden?

Eines meiner Fachgebiete ist der Umgang mit demenzkranken Menschen. Diese sind manchmal zum Widerwillen der ach so gesunden Umgebung regelrecht frei. Sie haben ihre Funktion endgültig eingestellt und schauen nur noch mit dem inneren Auge, dem Herzen.

Die vermeintlich Gesunden empfinden das als schlimmste Erscheinung überhaupt! Nach über 80 Jahren Leben befreien sich diese Menschen, denn sie wissen, dass ihre Spanne begrenzt ist und können nicht mehr so tun, als ob die Funktion das Wichtigste im Leben ist. Sie wollen Aufarbeiten, noch vor ihrem Tod und dafür brauchen sie Ruhe und Freiheit! Erkennst du das in dir? Möchtest du auch manchmal frei sein von all dem Unsinn, der tagtäglich von dir gefordert wird, beispielsweise frei für die natürliche Form der Liebe, die königliche Vereinigung?

Wenn du wissen willst, was nach dem Tod kommt, frag einen, der gestorben ist. Wenn du die natürliche Liebe erfahren willst, frag diejenigen, die sie erleben. Meine Königin und ich stehen immer zur Verfügung und können durch unsere Erfahrungen Impulse geben, die nicht nur den Verstand berühren. Es sind die Abdrücke, die Interessierten ermöglichen, die Schwelle zu überschreiten. Habt ihr also in eurer Partnerschaft den Mut, die Voraussetzungen zu schaffen, geht es eigentlich ganz einfach.

An einem Tag, der zeitlich nicht begrenzt ist, erlebt ihr die natürliche Liebe. Ihr stöpselt ein, ganz ohne technisches Vorspiel, genau dann, wenn ihr euch nah seid. Am einfachsten ist es, wenn es fließend und ohne sexuelle Erregung geschieht. Es darf fast langweilig erscheinen, es entwickelt sich von allein. Sind die Genitale vereinigt, wofür keine riesen Erektion notwendig ist, geht der Rest ebenso ganz von allein.

Wir empfehlen, erst einmal keinerlei Bewegungen zu machen, um den Genitalen die Möglichkeit zu geben, sich frei zu entfalten. Ein Schwanz weiß naturgegeben, was er in einer Scheide zu tun hat und wird es auch tun.

Es gilt, sich gänzlich zu entspannen und wenn ihr euren Partner vielleicht nicht geil findet, ist das hier gar kein Problem. Ihr dürft ihn lieb haben. Vielleicht legt ihr die Hände auf den Körper des anderen, vielleicht streichelt ihr die Brüste, Brustwarzen oder was auch immer. Aber seid dabei achtsam und langsam, es findet da kein Wettbewerb statt und der Orgasmus ist nicht das Ziel. Es geht lediglich ganz banal darum, den anderen zu fühlen. Alles zu fühlen, was in der genitalen Vereinigung enthalten ist.

Beim Einstöpseln ist es von Vorteil, wenn die Position für beide vollkommen entspannt ist. Wichtig erscheint uns immer wieder, dass man sich nah sein kann. Von hinten einzustöpseln ist dabei beispielsweise relativ distanziert, da man sich nicht wirklich entspannt sehen kann. Wir bevorzugen folgende Position: Im Bett liegend, die Königin auf dem Rücken, ein paar Kissen für den Kopf, dass es schön bequem ist, die Beine entspannt auseinander und ich seitlich in ihr liegend, ebenfalls mit Kissen bequem unter dem Kopf und ihr sehr nah. Wir können uns dabei sehen, uns fast überall am Körper berühren, ich kann sie überall streicheln, vom Kopf bis zu den Füßen und sie kann auch mich überall berühren. Wir sehen das Gesicht des Gegenübers, das Strahlen der Augen, können uns synchronisieren und liegen dabei vollkommen entspannt. Von Vorteil ist es, wenn das Bett eine durchgehende Matratze hat. Auch ein Ausdruck von Eins-Sein. Während der natürlichen Liebe kann die Position auch gewechselt werden.

Oft liegt sie später auf mir, lässt mich ihr Gewicht spüren und ich halte sie. Es war ihr immer ein Bedürfnis, nah sein zu können. Alle distanzierten, insbesondere vom Gesicht abgewandten Positionen werden von uns bei längerer Dauer als unvollständig empfunden. Probiert es einfach aus.

Wie lange haltet ihr es aus, euch nicht zu bewegen, wie lange geht es, ohne das die Geilheit oder das Verlangen euch überwältigen? Lasst es einmal zu und ihr werdet überrascht sein. Wenn das so für euch nicht möglich ist, macht eben erst einmal sexuelle Liebe und vereinigt euch in der Phase der abklingenden Erregung. Lasst euch überraschen, was dann möglich ist. Wenn ihr das Einstöpseln so erlebt, fallen Stück für Stück die alten Muster und Erwartungen ab. Ihr erlebt, dass die natürliche Liebe alles enthält, was ihr benötigt.

Oft wird den Männern unterstellt, sie wären drängend und fixiert an dieser Stelle. Grundsätzlich teile ich das sogar, doch gebt uns auch einmal eine Chance, frei und ohne Erwartungsdruck in euch zu sein. Nehmt uns an euren warmen, weichen Busen und lasst uns daran nuckeln, ohne euch zu verwehren. Lasst uns einmal klein, hilfebedürftig und ungeil sein – wir brauchen das doch so dringend! Es fehlt uns einfach sehr. Und Frauen wollen es endlich mal nicht Recht-Machen müssen, sondern um ihrer selbst Willen geliebt sein.

Sollte es dem männlichen Teil unmöglich sein, das unerregt zu erleben, dann gebt ihm vorweg die Gelegenheit zum Orgasmus und macht euch einfach keinen Stress damit. Spritzt ordentlich ab und kommt dann zur echten Liebe. Und ihr Männer – folgt einfach der königlichen Gemahlin, egal wohin, denn in ihrem Tempel ist alles bereitet und sie kennt den Weg.

Du brauchst dich nicht beweisen, sie kennt dich und sie nimmt dich gerne in den Arm und an ihre Brust, wenn du es nicht missbrauchst, indem du Spielarten der Unterwerfung von ihr verlangst! Möchtest du das alles erleben, dann gib dich ihr ebenso hin, wie du es von ihr wünschst!

Die dabei entstehende Intensität ist trotz fehlender klassischer Erregung so hoch, wie sonst nahe dem Orgasmus. Du wirst erleben, wie sich Gefühle und deren feine Kanäle öffnen und wie dieses Sein dich verändert. Vielleicht kannst du plötzlich empfinden, wie noch nie zuvor. Vielleicht musst du weinen über etwas, was dich vorher noch nie berührte. Vielleicht kannst du ebenso befreit lachen und Freude empfinden, an banalen Dingen, die dir vorher unbedeutend erschienen. Ist der Weg der natürlichen Liebe erst einmal geöffnet, entwickelt sich der Rest in individueller Dynamik, also wie nur genau für dich gemacht. Dabei kannst du davon ausgehen, dass sich Veränderungsprozesse bei dir breitmachen. Das ist der Grund, warum wir diese Form der Liebe Jedem wie auch Keinem empfehlen.

Es handelt sich nicht um eine weitere, bessere Form der Sexualität, es handelt sich um das Göttergefährt, welches uns begleitet und transformiert, bis wir frei werden. Diese tiefe Aussage bitte ich in Ruhe wirken zu lassen, denn nur du ganz *All-Ein* kannst entscheiden, ob das für dich bereits richtig ist. Vielleicht bist du noch nicht an der Schwelle, vielleicht hast du im Bereich der normalen, geilen Sexualität noch zu viel offen, sodass für dich die Zeit einfach noch nicht reif ist. Dann erlebe es erst ganz, lass es bis an den Punkt kommen, an dem du es als leer erkennst und wisse, es gibt etwas ganz anderes, das dann für dich vorgesehen ist.

Wenn du ein Jugendlicher bist, der noch keine oder wenig sexuelle Erfahrungen gesammelt hat, dann lass dich berühren. Du kannst ein freies, der jetzigen Gesellschaft unbekanntes Sein erfahren, in dem du dir und deinem inneren Wissen treu bist. Geh genau da entlang, wo du es fühlst und verweigere deine genitale Liebe, wenn es sich nicht richtig anfühlt.

Lass dich von nichts und niemand unter Druck setzen an dieser Stelle, dann musst du es später auch an anderen wichtigen Stellen nicht. Dein Wert entsteht aus dir selbst, aus deiner Verbindung mit der Quelle, aus der alle Energie entspringt und nicht dadurch, dass irgendjemand dir Anerkennung gibt. Warte auf die Liebe, warte auf das Gegenüber, das dich so akzeptieren kann, wie du in diesem Moment bist und gehe dann achtsam in die natürliche Liebe. Ziehe die Grenzen genau dort, wo sie in dir angelegt sind. Dein Gegenüber wird dir dankbar dafür sein, denn daraus entsteht etwas, das es nicht an jeder Ecke gibt. Das gilt für beide! Und wenn ich in einer langjährigen Beziehung feststecke, in der ich mit meinem Partner über alle diese Inhalte gar nicht reden kann und den dieses Erleben nicht interessiert?

Der magische Spiegelpartner

Kommen wir jetzt zu einem weiteren Aspekt, den ich für wesentlich erachte, den magischen Partner. Die Passung von Menschen ist sehr unterschiedlich. Für diese Welt gibt es Passungen, die einfach gut funktionieren und erfolgreich sind. Diese erfolgreichen Beziehungen erfahren ihren Wert meistens anhand der bekannten Kriterien. In Abwandlung des Werbezitats würde ich sagen: Mein Haus, mein Auto, mein Job, meine Familie, meine Altersversorgung… . Es gibt tatsächlich Kombinationen, die auf allen genannten Gebieten eine einwandfreie und in Geld und Anerkennung wertbare Funktion gewährleisten. Das sind die guten, ja außerordentlich guten Ehen dieser Gesellschaft. Dazu gehört eben auch die Gründung einer ebenso erfolgsorientierten Familie, deren Kinder es im Aufwärtstrend der Generationen eben einmal besser haben werden. In der nächsten Generation kommt dann meine Villa, die Autosammlung, die Professur und die Vorzeigefamilie zum Einsatz, denn Stillstand bedeutet ja bekanntlich Rückschritt. Du hältst das für überzogen? Ich erlebe es jeden Tag in der Umgebung und wer einmal von dem Trunk der Vergeilung gekostet hat, kann oft nicht mehr zurück! Diese Passungen sind besonders heikel, ergeben sie doch eine Bindung, die nicht nur vermeintlich gut und haltbar ist, sondern in der Gesellschaft Bewunderung und Beifall erntet. Ob Menschen dabei echte innere Werte entwickeln oder nicht, ist bekanntlich individuell unterschiedlich. Hab und Gut ist letztlich kein Ausschlusskriterium für eine innere Entwicklung, aber eben auch überhaupt kein Garant dafür. Diese Ehen oder Verbindungen sind fast ebenso stark, wie die des Alkoholikers, der seine Liebste tagtäglich schlägt. Kein qualitativer Vergleich, sondern ein Blick auf den Bindungsgrad.

Für die natürliche Liebe und deren feine Energien ist diese Art der Bindung durchaus ein Hindernis. Meistens leben diese Erfolgsbeziehungen von einer Art ähnlichem Grad der Panzerung, die den Beteiligten ermöglicht, wie mit einem hochmodernen Kriegsgerät auch schwierigste Schauplätze zu durchqueren. Diese Panzerung ist es eben, die uns in der Welt erfolgreich sein lässt. Unterwerfung, Geschäft, Sieg und Anerkennung sind die Inhalte, die wir mithilfe des Panzers bekommen können. Auch Angina Pectoris und viele ähnliche Symptomatiken sind darin bereits ebenso enthalten.

Mit diesem Gefährt, ich nenne es das moderne Kriegsgerät, kannst du dich praktisch unangreifbar durch unsere Welt bewegen. Du triffst auf viele Schauplätze und überall, wo du auftauchst, schaffst du Ordnung und trittst in Erscheinung. Aber das ist doch etwas Gutes, höre ich die Kommentare. Es fühlt sich eine Zeit lang einfach genial an, doch du wirst feststellen, dass du wie zwanghaft mit diesem Kriegsgerät umherfährst und niemals mehr zur Ruhe kommst. Herzensnähe oder Berührung der Seelen bleiben damit aus, da die Panzerung dies nicht zulässt. Irgendwann mündet das Erleben in eine Art Leere und dann ist es Zeit, Veränderungen zu erleben, den Panzer aufzugeben. Ich werte es wiederum nicht als schlecht, sondern als inkompatibel mit den feinen Wahrnehmungen, von denen ich hier berichte.

Kennst du den Grinch aus dem gleichnamigen Film, dessen kleines, versteinertes Herz schmerzhaft zu fühlendem Leben erwacht? Kennst du die Szene, in der er sich auf dem Boden wälzt, weil dieses Herzgefühl fast unerträglich für ihn ist? Es wird Zeit, das unsere Herzen groß werden und wieder leben dürfen, das diese Wärme sich ausbreitet.

Es ist notwendig, diese Versteinerung um unsere Herzen aufzulösen. Dieser Panzer ist gleichzeitig das Erleben einer guten Passung in einer klassischen Vorstellung von Beziehung. Für die natürliche Liebe gelten allerdings ganz andere Rahmenbedingungen. In der Radiästhesie, der Lehre der Schwingungen, misst man beispielsweise Übereinstimmungen von Partnerschaften anhand unterschiedlicher Parameter.

Ein Übereinstimmungsgrad von 50% betrachtet man in dieser Denkwelt als Grundlage einer Ehe, liegt man jenseits von 75% handelt es sich um eine sehr gute Ehe, wie oben beschrieben. Einen Spiegelpartner, eine Dualseele oder wie du es auch immer ausdrücken willst, sehe ich mit einem Übereinstimmungsgrad von über 90%. In der Welt der natürlichen Liebe ist das traumhaft, weil bei einer so großen Nähe unmittelbar freies Fließen der Energien entsteht. In der königlichen Vereinigung stellen sich dann viele Fragen auch nicht mehr, da diese Seelenverwandtschaft eine Harmonie erzeugt, die unvorstellbar anders ist.

Als ich die ersten Male mit meiner Königin in einem Bett übernachtete, hatten wir folgendes unglaubliche Erleben: Wir legten uns abends kuschelig aneinander, meinen Bauch an ihren warmen Po, der wie dafür gemacht ist und am nächsten Morgen wachten wir ohne einen Millimeter Veränderung wieder genauso auf. Wer sich einmal mit Schlafmustern und nächtlichen Bewegungen beschäftigt hat, weiß, dass dies eigentlich unmöglich erscheint. Wir finden einen solch kompletten Frieden ineinander, dass wir dies genau so zusammen erleben können. Ähnlich gibt es auch hohe Übereinstimmungen der Körpermerkmale. Unsere Hände sehen aus wie eine weibliche und eine männliche Ausführung der gleichen Bauweise. Sie haben ebenso die gleiche Ausstrahlung.

Ein witziges Detail fiel uns die Tage auf. Sie hat so mitten am Po einen spitzen Knochen, der beim Massieren deutlich fühlbar ist. Ich nenne ihn liebevoll Teufelsknochen. Als ich jetzt die Tage nach Langzeitfasten stark abgenommen hatte, war meiner fast identisch zu fühlen. Dies kam erst jetzt durch die deutliche Gewichtsabnahme zum Vorschein.

Auch die Beschaffenheit der weichen, „arbeitsscheuen" Haut ist bei uns an vielen Stellen sehr ähnlich. Es sind einfach nur kuriose Details, die ich hier kurz beschreibe. Mehr zu diesem Thema findet man in den Büchern über Dualseelen und in unserem Tantra-Buch.

Diese Art der Übereinstimmung ist wohl bei jedem Menschen mehrmals weltweit gegeben. Doch bei mittlerweile geschätzt über 10 Mrd. Menschen und einer überschaubaren Lebensspanne ist die Wahrscheinlichkeit, mehr als einen solchen zu treffen und zu erkennen, doch eher gering. Diese Spiegelpartner erlauben nicht nur das Eintauchen in eine andere Welt, sondern spiegeln uns eben komplett. Sie ermöglichen uns, in einem rasanten Erleben, alle unsere Neurosen und Ballaste zu sehen und bewegen diese zur Auflösung. Diese Art der Zweierbeziehung nenne ich auch Duale-Anlage. Sie ist wunderschön und zugleich unglaublich anstrengend. „Einfach schwierig", wie eine gute Freundin zu sagen pflegt. Wenn dir einer den Kontakt zu deinem Zwillingspartner oder 100.000 € anbietet, nimm das Geld und lauf so schnell du kannst, sagt man auch im Spaß und es ist etwas dran.

Mit dieser Art der Passung rutschst du automatisch in das Erleben der natürlichen Liebe, ohne dass der Verstand etwas daran tun könnte. Es entwickelt sich von ganz alleine.

Wer so etwas noch nicht erlebt hat, kann es nicht begreifen. Der alte Universalgelehrte sagte mir auf Nachfrage zu diesem Thema direkt, dass er nichts darüber wüsste, weil er so etwas noch nicht erlebt hätte. Es handelt sich bei dieser Passung um einen lang vermissten Teil, wie die zweite Seite einer Münze!

Sollte das Erleben der natürlichen Liebe für dich mit deinem jetzigen Partner nicht möglich sein, gibt es eben auch die Möglichkeit, einen Menschen anderer Passung zu treffen. Oft ist dieser schon in der Umgebung vorhanden, vielleicht auch schon sehr lange und wurde bisher nur nicht erkannt. Ich empfehle keine Trennung, um diese Art der Liebe zu erleben, ich empfehle einen Blick in die Wirklichkeit. Wie schon an anderer Stelle beschrieben, ist nicht jedes Thema in jeder Beziehung enthalten. Fährst du mit dem modernen Kriegsgerät durch die Welt, ist es eher schwer vorstellbar, mit dem gleichen Partner auch diese vollkommen andere Form der Liebe zu erleben. Meine Ehe-Frau hatte mir oft unterstellt, dass ich ihr diese Inhalte vorenthalten würde, bis sie selbst ahnte, dass unser Erlebensspielraum das vielleicht gar nicht hergab. Ebenso erlebte die Königin in der Beobachtung einiger Ehen im Umfeld, dass Liebe und Zuwendung regelrecht verstarben, sich ohne sichtliches Zutun auflösten, was schier unglaublich anmutet.

Wie viele Partner sind ernsthaft daran interessiert, mit Beratung und Begleitung wieder einen Fluss in der Beziehung zu erzeugen? Wie viele Partner würden alles daran tun, die Liebe wieder entfachen zu können? Und trotzdem ist das manchmal einfach nicht möglich, es verschließt sich oder löst sich auf. Dann ist eine Auflösung der gesamten Beziehung meistens ratsam, weil alles andere einfach leer bleibt.

Wie furchtbar ist es, nach meiner Erfahrung, zusammenzubleiben und die Leere womöglich Jahrzehnte zu spüren? Die Menschen befinden sich in Veränderung und unser Kulturkreis versucht gerade noch einmal mit allen Mitteln, uns ohne große Ausschläge in Funktion zu halten.

Ein weiterer Aspekt ist in diesem Zusammenhang das immer höhere Alter sowie die Erlebensdichte dabei. Waren noch vor wenigen Generationen die Zeitspannen begrenzt, kann heute ein 80jähriger noch mitten im Leben stehen. Mein Schwager ist niedergelassener Internist. Er ist jetzt 79 Jahre alt, arbeitet immer noch mehr oder minder volle Tage und kann innerlich nicht anders. Dieses Erleben hat natürlich auch Auswirkungen auf die Beziehungen. Kannst du dir vorstellen, 70 Jahre lebendig und in vollkommener Freude mit demselben Gegenüber zu verbringen? Was geschieht, wenn durch normale Lebensumstände Projektionsflächen verschwinden? Wenn die Kinder das Haus verlassen? Wenn die normale Berufstätigkeit aufgegeben wird? Wenn innere Entwicklungen und Verarbeitungen Raum greifen? Wenn Sehnsüchte aus dem tiefsten Inneren sichtbar werden? Können diese Partner das dann alles noch gemeinsam erleben? Aus meiner Sicht ist es möglich, aber zunehmend nicht wahrscheinlich, es in echter Form zu erleben.

Im asiatischen Kulturkreis gibt es heute immer noch Gesellschaften, die eine individuelle Entwicklung nach den familiären Inhalten ermöglichen. Es erfolgt dann eine Art Trennung von der Familie, die gesellschaftlich einen hohen Stellenwert, ein echtes Ansehen genießt. Die Männer verlassen dann oft ihr Umfeld, wenn die Familie für sich versorgt bestehen kann. Sie gehen auf Wanderschaft, auf die Suche nach sich selbst und dem Sinn des Seins.

Dies wird dort nicht etwa entwertet, als Midlife-Crisis gesehen, sondern eben als Individuationsprozess des Menschen, der sogar gesellschaftlich notwendig ist. Stell dir einmal vor, solche Entwicklungen wären in diesem Bewusstsein auch bei uns möglich. Würde das unsere gut organisierten Ordnungssysteme zerstören oder wäre es ebenso eine Chance, notwendige Transformationen zu unterstützen?

Die Passung einer Beziehung für eine zweite Lebensphase, eine, die sich mit tiefen religiösen und philosophischen Inhalten befasst, wird oft nicht die gleiche sein können, wie vorher. Wenn du da einmal hineinfühlst, wirst du begreifen, dass dies einfach schwierig ist. Eingeübte Verhaltensweisen, Muster, Erfahrungen, all das, was uns angeblich ausmacht, sind doch in langjährigen Beziehungen ziemlich statisch festgelegt. Verändert ein Teil die Parameter, entwickelt sich, wie wir es nennen, kann der andere oft überhaupt nicht folgen. Warum geben wir diesen Punkt nicht frei, für neues Erleben, für die auch gesellschaftlich dringend notwendigen Entwicklungen, die wir doch alle sehen?

Warum ist es erlaubt, seine Frau auf Auslandsreisen mit dem Erleben von geilem Sex zu betrügen, aber eine neue Liebe darf nicht einmal gedacht werden? Warum ist es einfach möglich, sich legale Drogen in Form von Tabletten allinklusiv einzufahren, aber für Jugendliche sind Selbsterfahrungen in freier Liebe immer noch tabuisiert? Wie ist es möglich, dass wir kulturelle Vereinbarungen höchster Güte treffen, aber hinter verschlossenen Türen Kinderpornografie und andere Inhalte reichlich konsumiert werden? Warum ist es in Ordnung, wenn Männer Prostituierte aufsuchen, aber nicht in Ordnung, wenn über tiefe Inhalte der Bedürfnisse offen gesprochen wird?

Alle diese Verdrehungen sehen wir erst dann, wenn wir andere Inhalte *natürlich* erleben. Vorher können wir diese nicht wahrnehmen, unsere Wahrheit ist eben eine andere.

Wenn ich heute im Internet einen Film streame, erreichen mich die gesellschaftlich normalen Zwiewelten: Werbung für Internetplattformen soweit das Auge reicht. Geile Mütter brauchen einen Schwanz, kein weiteres Interesse nur schnellen Sex, willst du dich weiterhin selbst befriedigen oder einmal wieder richtig abspritzen und immer so weiter. Es ist unglaublich, diese Verdichtung in den uns umgebenden Medien zu sehen. Es ist unsere Wirklichkeit und nicht etwa die kleiner Minderheiten, denn davon könnte kein Anbieter existieren.

Wenn du einen Partner tiefer Passung erkennst, wenn er dir begegnet und sich dir öffnet, verfliegen diese ganzen Vereinbarungen unmittelbar. Du wirst in dieser Art des Liebens mit allem konfrontiert, was von der natürlichen, lebendigen Form des Lebens neurotisch abweicht. Ich erlebe, wie sich meine Themen immer weiter verfeinern, was ich alles sehen und wahrnehmen darf und bin auch manchmal traurig, dass diese wunderbare Welt, das Paradies, direkt vor unseren Augen zerstört wird. Wir ermorden jeden Tag Teile von uns oder in einem anderen Sprachgebrauch: Wir begehen jeden Tag aufs Neue einen Christusmord, einen Mord an unserem Herzen, unseren Gefühlen und unseren Überzeugungen.

Wie meine liebe Schwester immer zu sagen pflegt: „Gefühle ändern sich ständig, da bleibe ich doch lieber bei meinem Verstand." Es geht genau darum, alle diese Anteile in uns wahrzunehmen.

Der Bauch und das Herz sind genauso wichtige Zentren, wie der Kopf auch. Und dieser ist heute wohl unstrittig genug betont. Der Verstand allein bringt uns überhaupt nicht weiter.

Wenn du mit deinem Partner bestimmte Inhalte nicht erleben kannst, wenn eine Kommunikation über tiefe Gefühle nicht möglich ist, wenn er oder sie dich ständig unterwirft oder Spielchen mit dir spielt, lass diese Beziehung los.

Wenn du nicht fühlen kannst, dass in der sexuellen Liebe eigentlich eine königliche Vermählung stattfindet, du einen geweihten Tempel betrittst, der nur für dich geschmückt ist und auf dich wartet, dann ändere die Situation. Komm endlich einmal vom Weg ab, damit du nicht auf der Strecke bleibst.

Durch dieses Buch wird dir bewusst, dass eine andere Art des Erlebens möglich ist. Das was du vor so langer Zeit schon einmal fühlen konntest existiert. Du darfst sogar im hohen Alter noch Erlebender sein. Nichts, aber auch gar nichts steht dem im Wege, außer dir selbst. Blockiere dieses Erleben nicht länger, fühle deine eigenen, natürlichen Inhalte und Grenzen und folge ihnen. In alten Inhalten der Magie oder irgendwelcher Geheimlehren ging es immer auch um die eigene Unterwerfung, die Disziplinierung des *Ichs*. Hier geht es um natürliches Erleben, um die Befreiung des Lebendigen in dir. Keine Anstrengung im herkömmliche Sinne, sondern ein süßes Erleben deiner selbst, deiner göttlichen Abstammung. Mit der Disziplinierung wirst du früher oder später scheitern, denn du kannst nichts nachhaltig in den Griff bekommen. Wenn, dann fällt es dir lediglich zu und du kannst dafür dankbar sein!

Wie fühlt sich das an, wenn du deinem Partner in dieser Liebe immer die volle Wahrheit sagen musst, egal, was dann geschieht? Wie fühlt es sich an, wenn Treue und Zugewandtheit sich aus dir selbst heraus bewegen, du sie einfach erfahren kannst?

Wie fühlt sich das an, wenn du bestimmte Inhalte nur mit diesem Menschen teilen kannst, weil jeder andere Versuch sich als innerlich falsch und verschlossen darstellt?

Wie fühlt sich das an, wenn dein Partner egal wie viel Gewicht er gerade hat, wie er angezogen ist oder was er auch immer zeigt, grundsätzlich von dir geliebt ist, wenn jede Falte gesehen und geliebt ist? Wie fühlt sich das an, wenn du jeden Moment mit dem anderen verbringen willst, weil das einfach schön ist? Wie fühlt sich das an, wenn ihr gemeinsam einen Zauber verbreitet, der die Umgebung vollständig berührt und sprachlos macht? Wie fühlt sich das an, wenn ihr in einem tiefen Bedürfnis gleichsam zu jeder Zeit ineinander einstöpseln wollt und damit keine Spielchen oder Erwartungen verbunden sind? Wie fühlt sich das an, wenn dieses Bedürfnis mehrmals täglich entsteht und auch gelebt wird? Wie fühlt sich das an, wenn solche und andere Inhalte dieser Beziehung nicht täglich zur Debatte stehen und du darin geborgen und geschützt bist? Zu schön, um wahr zu sein, höre ich schon die Kommentare. Das gibt es doch gar nicht und der Alltag?

Alltag

Alle Tage ist für eine normale, von Sexualität und materiellem Inhalt geprägte Beziehung durchaus schwierig zu bewältigen. Enthält „bewältigen" eigentlich den Wortstamm von Gewalt? Es würde wohl Sinn machen. Aber wie soll dann erst eine Liebe alle Tage erleben, die so fein und zart aufgestellt ist, dass ich das Gegenüber über Zeit und Raum bei mir spüre? Es gibt dazu eine Menge an Totschlagsargumenten, die allerdings von Menschen vorgetragen werden, die das gar nicht erleben. Wer das erlebt, genießt meistens still und erfreut sich des Seins. Nur die Hüter der normalen Ordnung sagen immer wieder, dass so etwas nicht lebensfähig wäre. Aber viele Beschreibungen dieses Buches sind ja ebenfalls eher ganz unmöglich. Ein schöner Orgasmus ohne Samenerguss, unbegrenztes Einstöpseln zur beidseitigen tiefen Freude, herrliche Erektionen, bei denen der Schwanz zwar größer ist, als normal, aber vollkommen biegsam und geradezu weich, ein unbeschreiblich hohes Energiegefühl, bei vollkommen entspannter Scheide und ein Orgasmus in vollkommener Bewegungslosigkeit? Alle diese Beschreibungen der natürlichen Liebe sind ja keine Weisheiten aus Bestsellern zu diesem Thema, sondern einfach das persönliche Erleben.

Wenn also verrückte Inhalte dieser Art Wirklichkeit von Menschen sind, warum sollte ich dann Menschen glauben, die dieses alles noch niemals erlebt haben? Warum sollte ich Denkern Folge leisten, die ihre eigenen Inhalte niemals gefühlt haben? Warum sollte ich meine Kinder in den Krieg ziehen lassen, wenn die Entscheider, bis auf finanzielle Interessen und Macht, keinerlei eigenen Anteil mit einbringen?

Warum sollte ich einer Medizin vertrauen, die mich bereits auf einem OP-Plan einschreibt, bevor ich überhaupt untersucht wurde und die Ergebnisse vorliegen? Alberne Hasstiraden? Nein, leider leiblich erlebte Wirklichkeit!

Wenn du wissen willst, was natürliche Liebe bedeutet, frag einen, der sie erlebt. Ich weiß nicht, ob meine Königin lebenslänglich mit mir kommt, aber ich weiß, dass jedes Stück, das wir bis hierher erlebten, alles auf den Kopf stellt, was ich bis dahin erlebte. Dazu noch einmal ein Erlebnis aus der Anfangszeit unserer intimen Beziehung. Es war glaube ich ein schöner Sonntagnachmittag und wir genossen gemeinsame Liebe, soweit das damals möglich war. Sie hatte aus ihrer ersten Ehe alte Verletzungen, die sich erst langsam aufarbeiteten. Und ich war ja immerhin sexuell geprägt, was kaum zu überfühlen war. Damals machten wir also noch Liebe, wie wir sagten und in einem Moment tauchten tiefe Erlebnisse in ihr auf, die sie erschrecken ließen. Mein Schwanz war gut gefüllt, er hatte eine heftige Erektion und sie bat mich, aus ihr zu gehen, nein, sie sagte: „Geh runter von mir!" Sie hatte in diesem Erleben so etwas wie Angst, nicht vor mir, sondern die alten Verletzungen zeigten sich hier erneut. Dann geschah etwas vollkommen Kurioses. Mein Schwanz ging mehrmals hintereinander an und wieder aus. Natürlich meine ich nicht den Schwanz, sondern die Erektion. Ich sagte ihr dabei, dass sie niemals mehr Angst davor haben brauchte, weil hier eine natürliche Steuerung die Regie übernahm. Innerhalb von wenigen Minuten ging die Erektion dabei sieben Mal an und wieder aus. Aber nicht so ein bisschen, sondern ganz! Wie ein Hochseilartist ging ich dabei am Scheideweg ihrer Angst entlang.

Die Erektion ging an und löste das bereits vorhandene Bild aus und sie ging in wenigen Sekunden wieder zurück, der Schwanz lag dann weich, klein und ganz unschuldig da und sie konnte ihn wahrnehmen. Stell dir das bitte einmal ganz bildlich vor. An und aus, an und aus, insgesamt 14 Mal! Kannst du dir vorstellen, was das in mir auslöste? Ich erlebte selbst wie ein Zuschauer, was physiologisch in einem Körper mit einem Schwanz geschehen kann und ich konnte es einfach nicht fassen. Es war auch keine Hypnose oder eine andersartige Manipulation. Ich war im Rahmen meiner bescheidenen Möglichkeiten bei vollem Verstand, oder auch vollkommen verrückt. Denn normal war das zumindest für meinen Teil nicht.

Kannst du dir vorstellen, was das mit ihr und ihren Bildern und Ängsten machte? Sie war erfasst von einem Bild. Ein steifer, großer Schwanz wollte in sie eindringen. Dieser hing an einem sexuell geprägten Partner, der ebenso in sie eindringen wollte. Diese Energie war da zwar nicht drin, aber sie erlebte ein altes Bild aus ihrer ersten Ehe. Jetzt dringe ich aber nicht nur nicht einfach in sie ein, sondern wie in einer vollkommen verdrehten Erlebenssituation kann sie begreifen, dass die jetzige Wirklichkeit dieses Momentes eine andere ist. Der Schwanz schwillt an, sie sieht ihn erregt und groß und ohne Eindringen schwillt er wieder ab, wird klein, ruhig weich und ungefährlich. Unter dieser Erfahrung verlor sich das alte Bild, es konnte nicht mehr ausgelöst werden. Ein solches Erleben wiederholte sich auf verschiedenen Ebenen immer wieder. Auch das Bedürfnis meiner Königin wann immer möglich einzustöpseln, ist so ungefähr ein Gegenentwurf zu ihrem ursprünglichen Empfinden.

Und dieses Bedürfnis eröffnet sich jetzt aus ihrem Körper, also ganz direkt und unmittelbar natürlich. Ist das alles überhaupt möglich? Für meine Königin ist das gesamte genauso überwältigend, wie mein eigenes Erleben darin.

Das Erleben dieser verrückten Erektion machte uns bewusst, dass wir so gar nichts von den Möglichkeiten der natürlichen Liebe wussten. Erst viel später, nachdem diese Liebe alle unsere Muster und Verletzungen einer Heilung zugeführt hatte, erahnten wir etwas von dem Potenzial, was sich hier eröffnete. Die natürliche Liebe wurde dabei immer freier, immer tiefer, immer intensiver. Die Körper wurden in gleicher Weise offener dafür und wir nahmen die darin enthaltenen Aufgaben der Aufarbeitung und Erlösung ernst. Unser Ballast wurde in den nächsten 5 Jahren stetig weniger und heute fühlen wir uns frei und erahnen einen ganz anderen Zustand der körperlichen Vereinigung – die Ekstase. Sie war von Beginn an darin enthalten und wird uns in absehbarer Zeit entführen, in eine Tiefe und Form, die wir damals mit unserem Verstand nicht hätten fassen können. Ich vermute, dass die Energiemenge, die darin erlebt und verarbeitet wird, uns damals schlichtweg augenblicklich hätte ohnmächtig werden lassen. Wir waren in der Liebe oftmals nah an diese Stelle herangekommen. Doch die Ekstase wird vielleicht einmal ein zukünftiges Thema ganz eigener Art werden.

Die Passung der Partner, dieser besondere Grad der Übereinstimmung, lässt sich mit einigen Worten beschreiben. In der Literatur wird von der sogenannten Hingabefähigkeit gesprochen, die dort in der Seele angesiedelt ist. Diese Hingabefähigkeit ist eine ganz zentrale Stelle, denn beim Erleben der großen Tiefen tauchen bei allen Menschen Ängste auf.

Wenn diese Stelle unterschiedlich angelegt ist, können die Ängste zur Unterbrechung der Vereinigung führen. Die fehlende seelische Hingabefähigkeit wird dann auch als Ausschlusskriterium gesehen, ein solches Erleben gemeinsam zu haben. Wenn du vollständig in die natürliche Liebe eintauchst, dein Energiekörper die Kanäle wie bei einer Kundaliniauslösung geöffnet hat, dein Körper frei von den Lasten des Rucksacks geworden ist, dann spürst du ganz genau, wie die Entwicklung dieser Stelle geschieht. Entweder könnt ihr ohne Schwelle gemeinsam gehen und fühlt ggf. auch ähnliche Grenzen, oder ihr verliert diesen Punkt des Erlebens ganz. Meistens gehen in diesem Moment eines Abreißens der seelischen Verbindung die feinen Kanäle im Körper augenblicklich zu. Dies wird als schlimm empfunden, ist es aber nicht unbedingt. Oft sind nur weitere Entwicklungen notwendig, um diese Energieflüsse wieder zu öffnen und zu vertiefen.

Du kannst dir das so vorstellen, als würde ein altes Haus mit Aufputzleitungen mit den modernsten Systemen restauriert und könnte danach auch alle Ströme vom feinsten USB 5V Strom bis zum Starkstrom frei durchleiten. Alle Räume wären dann gleichmäßig damit versorgt. Das bedeutet eine langsame (langer Samen) Entwicklung, da man sich an den neuen Zustand erst gewöhnen muss. Auch fällt es oft nicht leicht, das zu leben, weil die Erinnerung an die eingeschränkte Versorgung so etwas wie einen Abdruck aus alten Zeiten produziert. Es ist spannend, diese neue Bandbreite zu erleben.

Wenn zwei Menschen mit dem für sie individuell geeigneten Göttergefährt eine Reise machen, die Reise ihres Lebens, gelten die alten Regeln und Begrenzungen nicht mehr.

Sie erleben dann Erwachen, Erleuchtung, Heilung, Heiligung oder wie die alten Philosophien es auch immer nannten. Von mir aus nenne es Wildschweinbraten, mir ist es egal. Es ist der Weg des Menschen zu seiner Bestimmung, die Selbsterkenntnis oder wie ich sagen würde die Erkenntnis der Wirklichkeit.

Es ist unendlich schön und fast unbeschreiblich, dies mit einem Spiegelpartner zu erleben, aber es ist sicher nicht die einzige Möglichkeit. Ein Freund von mir legt großen Wert darauf, dass es viele Wege dorthin gibt. Das sehe ich ähnlich, doch bleibt die natürliche Liebe ein ganz zentraler Punkt, der in jedem Menschen angelegt und gleichsam bereits mit dem Trauma der Geburt verdreht wird. Die natürliche Liebe beinhaltet bereits alle Ebenen und wirkt nach meiner Erfahrung anders, ja kompletter und gleichsam anfassbar.

Ich erlebte neben allerlei tiefen Inhalten der Heilung und Gesundung selbst ganz leiblich die vollkommene Auflösung, die Non-Dualität in anfassbarer Form. Sie ist wunderschön, rein und sehr fein. Doch die Auflösung ist in meiner heutigen Wahrnehmung nicht auf Dauer kompatibel mit dem erdigen Erleben. Als ich dieses zentrale Erlebnis des Eins-Sein für einen Zeitraum von Stunden machte, war etwas in mir verändert. Doch die Verbindung zu unserem leiblichen Erleben konnte nicht nachhaltig hergestellt werden. Eines der großen Geheimnisse ist die gänzliche Akzeptanz dessen, was ist und welches wir unter unseren begrenzten Bedingungen wahrnehmen können.

Dazu haben wir schließlich diesen wunderbaren Körper des Erlebens. Er lässt uns Schauer der Entzückung über die Haut laufen, Gänsehaut, Entenanzug, Orgasmen und all die wundervollen Dinge erfahren, die Mensch-Sein ausmachen.

Ich habe in letzter Zeit mehrere moderne Bücher über *Non-Dualität* gelesen und gleichsam hingen sie an einer bestimmten Stelle fest: da ist *Nichts*, es ist eine große virtuelle Welt, die eigentlich nicht existent ist, das *Ich* existiert nicht mehr, es ist nur eine Erfindung des Bewusstseins und immer so weiter.

Ich habe auch diesen Zustand leiblich erlebt und er ist wunderbar. Doch meine Wahrnehmung ist nun einmal auch alltäglich in den Begrenzungen meines Körpers verhaftet und das betrachte ich zunehmend als wunderschön, einzigartig und genussvoll. Scheidet doch aus dieser erfundenen Welt aus, löst euch einfach auf und verschenkt diese einzigartige Gelegenheit, eine solche Erfahrung zu machen. Das ist letztlich so etwas wie die Ablehnung dieses Seins. Dass ihr dann vielleicht keine Sorgen, Ängste oder Schmerzen mehr habt, leuchtet mir ein. Euer erfundenes *Ich* ist ja auch nicht mehr da, aber mit lebendigem Erleben hat das ungefähr so viel zu tun, wie Sexualität mit natürlicher Liebe. Ich möchte zumindest weiter leben und erfahren, ganz leiblich.

Psychosomatik

Ein paar kurze Bemerkungen noch zu den Umständen, wie solche Inhalte gesellschaftlich gesehen und verarbeitet werden. Man geht in der Literatur zunehmend davon aus, das viele der esoterischen Inhalte wie Erwachen, Lichtkörperprozess, Kundalini-Auslösung, Merkaba-Erleben, Erlösung und viele mehr auch psychosomatisch oder sogar psychiatrisch bewertbar sind. Das heißt, dass ein großer Teil der angeblich „kaputten", kranken Menschen solche Entwicklungen erleben, sie aber nicht zuordnen können.

Ähnlich wie beim Urogenital-Syndrom wenden sich Menschen an Fachleute, die dazu aber letztlich nicht viel sagen können. Sie nennen es Bipolare Erkrankung, Hypersensibilität, Depression, Borderlinesyndrom, Essstörung, Burnout-Syndrom, Suizid-Gefährdung oder was einem gerade in den Sinn kommt. Schaut man sich die definierten Inhalte dieser Erkrankungen an, stellt man schnell fest, dass jeder von uns solche Gefühle hat bzw. in milderen Formen schon einmal hatte. Präsentiere ich meine Symptome den verkrankenden Fachleuten, beglückwünschen die mich nicht etwa zu einer tollen inneren Entwicklung, einer Art Begabung, sondern versorgen mich mit Diagnosen und Pillen der Pharmazie. Nach ein paar Jahren Psychiatrie oder psychosomatischer Behandlung glaubst du nicht nur selbst daran, sondern hast dich auch an diese Art der Zuwendung und Befreiung von Verantwortung gewöhnt. Du bist dann regelrecht abhängig geworden, abhängig von den Tabletten und abhängig von der Zuwendung, die in unseren Systemen scheinbar kostenfrei und ohne Begrenzung zu haben sind. Das ist heute eine regelrechte Industrie, ein riesiger Wirtschaftszweig.

Der Reinoss empfiehlt also, alle diese Fachgebiete zu schließen? Nein, das werde ich niemals sagen, denn jeder Mensch hat die Freiheit, sich eine eigene Meinung darüber zu bilden. Leider habe ich zu viele Jahre im Gesundheitssystem gearbeitet, und zwar im Management. Dabei habe ich viel gesehen und auch Einiges begriffen, also wirklich angefasst. Schau dir die Geschichte des Ho´oponopono an, welches letztlich mit Liebe und Akzeptanz heilt. Schau dir in der Literatur an, wie dieser Ansatz eine ganze Klinik aufgelöst hat, weil Heilung eingetreten ist. In der westlichen geordneten Form des Suchens werden viele Bewusstseinszustände angestrebt, die bei psychisch oder psychiatrisch gebrandmarkten Patienten ausgeprägt sind.

Ein einfaches Beispiel dazu: ADS/ADHS befinden sich in rapider Verbreitung. Mein Kind funktioniert einfach nicht und das muss doch in den Griff zu bekommen sein. Nimm ein funktionierendes Kind und eines mit ADS und setze sie mitten im Dschungel aus. Könnte es sein, dass diese Fehlfunktion plötzlich eine unendliche Begabung darstellt, die das Überleben sichert? Wie ließe sich diese Begabung alltäglich integrieren?

Nimm zwei Länder, die gegeneinander in den Krieg ziehen. Vertreten nicht oft beide Seiten ganz reine und lichte Ziele, haben nicht beide womöglich den gleichen Gott, den sie um Hilfe für den Sieg anrufen? Was ist denn dann mit richtig oder falsch, mit gut oder böse? M.C. Escher zeigt in seinen Skulpturen, dass es möglich ist, die Pole auf neue Art zu integrieren und das ist doch genauso unsere Aufgabe in dieser Welt. Der große Kampf zwischen Licht und Finsternis, zwischen Mann und Frau, zwischen den polaren Trennungszuständen dieser Welt, ist genau unser Problem.

Er kostet uns in Systemen von Brot und Spielen so viel Energie, dass für die natürlichen, tief mystischen Erlebnisse kein Raum mehr bleibt.

Die natürliche Liebe, die Liebe der königlichen Kinder, ist eine ganz zentrale Möglichkeit, die Vereinigung der Pole unmittelbar zu erleben. Diese Vereinigung setzt so viel mehr Energie frei, als unsere künstlichen Ausprägungen jemals erreichen können. Die Kernfusion ist dann auch physikalisch etwas ganz anderes, als eine vernichtende Atomspaltung mit all ihren unabsehbaren Folgen. Spürst du den grundlegenden Unterschied in den Vorgängen? In den natürlichen Formen entsteht ein Wachstum, ein Erleben, welches uns in Harmonie schwingen lässt. Wir finden das, was uns ein Leben lang fehlte. Wenn ich meinen Bauch an den warmen Po der Königin schmiege, wenn ich sie halte und wir ineinander versinken, wenn wir so daliegen und die Nacht verfliegt in tiefster Entspannung, wenn das Gehirn im tiefen Alphawellen-Zustand verweilt und in die Lage kommt, schöpferisch zu wirken, wenn der freie Fluss ohne zeitliche Begrenzung entstehen darf, dann bin ich frei von Wünschen, Begierden, Anhaftungen und ganz eins mit allem, *All-Ein*.

Genau diesen Zustand suchen wir lebenslang, wir haben Sehnsucht danach und wissen nicht, wie wir dahin gelangen. Viele Menschenleben verlaufen nach dem alten Motto: Wir haben einen guten Kampf gekämpft. Ich habe diesen guten Kampf aufgegeben, denn den führe ich ja nur mit mir selbst. Er findet in mir statt. Keiner hatte mir jemals gesagt, dass es so ist. Ich dürfte in einem schönen, gesegneten und erfüllten Leben erst einmal selbst schmerzhaft erkennen, dass dieser Kampf mit mir sinnentleert ist.

Dieses Plädoyer für die Liebe ist nicht aus meinem Verstand geboren, es entstammt aus der Mitte meines Körpers. Wie eine Kugel im Bauchnabel durchfließt es mich. Es ist eine goldene Sonne, die in meinem Körper scheint. Ich strahle und leuchte, fühle mich geborgen, sicher und vollkommen frei. Wie viele Menschen diese Liebe wohl erleben könnten, wenn sie nicht durch Funktionszwang verkrankt würden? Wie viele der psychosomatisch und psychiatrisch Erkrankten so etwas erleben könnten, wenn man sie womöglich auf ihrer Reise begleiten würde, bis sie bei sich selbst ankommen? Wie viele von den fast ungepanzerten, angeblich wenig lebensfähigen Menschen sind schon in der neuen Zeit, die sich ankündigt und auch die anderen erreichen wird, die noch gut geschützt ihr sitzendes Dasein im Griff haben wollen?

Echte Heilung ist ein komplexer Vorgang, der sich nicht durch Ablehnung, Kampf oder Sieg auszeichnet. Echte Heilung oder Heiligung ist ein tiefer Vorgang der Veränderung, eine Wiedergeburt im wahrsten Sinne des Wortes. Wir haben es beide erlebt und das Einzige, was benötigt wurde, um die Wirklichkeit zu sehen, ist Liebe. Echte tiefe, warme Liebe.

Ein Ausblick

Alle meine Bücher enden für mich überraschend abrupt, da sie irgendwann einfach fertig sind. Sie laufen über, sie kommen aus einer anderen Welt und sind doch ganz erdig im Hier und Jetzt. Sie sind auch nicht aus Lichtpartikeln, sondern aus bedrucktem Papier. Meine Königin bekommt hier erstmals einen großen Raum. Es ist notwendig, dass ihre Sicht der Dinge, ihr eigenes Erleben mit hineinfließen. Dieses Buch sind wir und niemals ich, denn ohne *Sie* habe ich solche Inhalte über 40 Jahre nicht erlebt. Ich empfinde mich auch in Sprache oft als unzulänglich. Wenn sie einmal etwas schreibt, ist es meistens kurz, aber unmittelbar tief von Herzen. Vielleicht sollten wir einmal die Rollen tauschen. Sie macht mich komplett, lässt mich Ganz-Sein leiblich erleben und ich liebe sie ganz schrecklich, nicht dafür, sondern einfach nur so.

Du findest am Anfang des Buches ein Bild, das auch ein Teil dieser Beziehung ist. Der Ritter, der die Jungfrau und ihre Liebe schützt. Manchmal fühle ich mich so und manchmal, wenn ich sanft an sie gekuschelt ihren wunderschönen Busen benuckle, dann bin ich auch ein kleines Kind, welches friedlich und geborgen in ihr ruhen darf. Sie bringt mich durcheinander, lässt mich fühlen, durchweht meinen Panzer, als ob es ein luftiger Gaze-Stoff wäre. Sie lässt mich eine Welt erleben, die bunt und voller Wonne ist und trotzdem ist alles andere noch da, so wie es immer war. Meine Fähigkeiten, alltägliche Situationen zu erleben, sind noch vorhanden. Ich habe die Aufgabe, diese Liebe als Abdruck zugänglich zu machen, diese Liebe ganz ins Leben zu holen und ihr den Schutz zu gewähren, der gleichsam Frieden in die Welt bringt.

Heute schickte sie mir ein Foto von sich, wie sie ganz nackt und königlich dasteht, ein Vollweib und gleichsam sanft und liebevoll. Ich war so berührt davon, es durchlief mich wie ein Schauer von warmen Sommerregen, der die Haut erreicht, obwohl die Sonne noch scheint. Es ging durch und durch. Unmittelbar entstand wieder die goldene Kugel in meinem Bauch und breitete sich aus. An dieser Stelle wird es manchmal mit Worten knapp, denn so etwas kann man eigentlich nur fühlen!

Die Liebe breitet sich in mir aus, berührt den gesamten Körper, auch die Schichten weit außen, jenseits des physischen Seins. Ich legte mich später ganz nackt aufs Bett, beobachtete den Schwanz, wie er langsam erigierte und fühlte einen sanften Orgasmus ohne einen Samenerguss. Es war wieder eine Grenze, die da berührt wurde. Danach entschwand die Erektion sanft um tiefem Frieden Raum zu geben, der sich ausbreitete.

Es sind immer wieder diese eigenartigen, fast irrealen Erlebnisse des leiblichen Seins, die mich bezaubern. Hast du schon einmal einen sanften, herrlichen und Frieden bringenden Orgasmus erlebt, ohne einen Samenerguss zu bekommen? Ich habe es erlebt und diese Energie ist jetzt darin enthalten. Hast du das als Frau schon einmal erlebt, ohne eine spitze Manipulation der Scheide, der Klitoris, des Pos oder anderer Stellen?

Fühle einmal hinein, in diese köstliche Liebe, die wie Milch und Honig durchläuft und öffne dich diesem Erleben, damit es in dir Wirklichkeit wird. Es ist möglich und es ist nicht naiv im negativen Sinne, dies zu erwarten.

Wunder sind zu erwarten, ein Zauberer, der sie sehen kann. Was wir für die Zukunft erwarten, was wir fühlen? Wir werden von dieser Liebe dazu aufgefordert, sie gänzlich ins Leben zu holen, sie zugänglich und spürbar zu machen. Dieses Feld ließ Menschen schon zu Beginn unserer Beziehung komplett versinken, entspannen und eine Reise zu sich selbst machen.

Wir saßen oft in ihrem Büro zusammen und wenn dann Kollegen zu uns kamen, wurde es still. Die Sachfragen wurden eher unwichtig und ich erinnere mich an zwei bestimmte Situationen, in denen diese Menschen in unserem Feld der Liebe andockten, ja regelrecht versanken. Oft gingen sie ein bis zwei Stunden später in vollkommener Versunkenheit entspannt von hinnen und sie hatten dabei vergessen, weswegen sie zu uns gekommen waren. Manchmal waren sie so versunken, dass sie unklar brabbelten. Verlust der Muttersprache, wie wir es damals nannten und ein guter Schritt in Richtung Eins-Sein mit allem, was ist. Sie empfanden es glaube ich immer als angenehm und ihre drängenden Sachfragen waren ja auch verdampft.

Die Lösung oder Wirkung entstand bereits auf einer uns unbekannten Ebene. Auch in Betriebswirtschaft, Unternehmensführung und solchen Gebieten wurden unglaubliche Wirkungen erzielt. Wir fühlen, dass die Welt reif ist für eine neue Art der Liebe, für einen ganz neuen Umgang miteinander. Unser Individuationsprozess wird der Gesellschaft einen kleinen Impuls geben, aus ihrem Verschleißkreislauf heraus zu kommen. Wir wollen weder missionieren noch bevormunden, wir möchten anregen und unsere Liebe verschenken

Wir waren mit allen Dingen in unserem Leben sehr früh dran, manchmal weit vor unserer Zeit und vielleicht ist es diesmal ebenso. Aber der Abdruck eines Buches, einer solchen Erfahrung, muss in die Welt, dann haben wir unseren Teil daran erfüllt.

Für die Zukunft erwarten wir Ekstase in der Liebe. Meine Königin hat eine tiefe Anlage zur Ekstase und diese befreit sich langsam. Dieses Erleben benötigt Zeit, Geduld und vor allem Hingabe, um alle Inhalte in ihrer eigenen Geschwindigkeit sichtbar werden zu lassen. Wir erahnen bereits, was das mit uns macht, was wir dort erleben. Ob wir es wissen? Nicht genau, denn unser Verstand ist einmal wieder vom Erleben so überfordert, dass er in tiefem Frieden lallend in der Ecke sitzt – Error. Er wird ruhig.

Vor Kurzem begnete uns ein inhaltlicher Ausblick darauf, wie wir als magische Partner diese Form der Liebe zukünftig immer tiefer erfahren. In meinem Erleben ist der Orgasmus nicht mehr verbunden mit einem kleinen, süßen Tod, sondern mit dem gänzlich bewussten Erleben in jeder Nuance, mit jeder Faser. Ich bin beim Orgasmus also voll bewusst, mit offenen Augen und bei klarer Wahrnehmung und was das an Gefühlen auslöst, ist ebenso schwer zu beschreiben. Es schreit mich dabei so tief und frei, dass ich diesen Ton noch niemals vorher bei mir erleben konnte. Ich hatte das Gefühl, das ganze Haus kommt gleich zusammengelaufen um nach dem Rechten zu schauen. Das war zum Glück nicht so!

Zusätzlich wird die darin fließende Energie so extrem verdichtet, dass sie wie ein riesen Fluss durch die Körpermitte läuft. Ein Gefühl von grenzenloser Energie, von einer komplett anderen Welt entsteht dabei.

Der Orgasmus war dabei an sich sicher mindestens 2-3 Minuten lang auf sehr hohem Niveau. Ich weiß nicht, ob das so möglich ist, aber bei mir ist es einfach geschehen. Verbunden damit ist der Wunsch, während der natürlichen Liebe fast gänzlich auf Bewegung zu verzichten. Alle Hilfsmittel, um die Energie anderweitig abzuarbeiten, werden nicht mehr benötigt. Sie darf vollständig durch mich hindurchgleiten. Auch der entstehende Geruch beim Samenerguss war neu und anders, als wenn neue Stoffe dabei entstehen.

Neu war aber ebenso das umgekehrte Erleben. Ein Samenerguss ohne jegliches Orgasmusgefühl. Der Samen läuft dann an einer bestimmten Stelle ohne besondere Umstände einfach aus dem Schwanz. Das fühlt sich energetisch gut an und unterbricht nicht unbedingt die Vereinigung. So lösen sich scheinbar alle Muster der bekannten Vorstellungen aus der alten Sexualität in ihre einzelnen Bestandteile auf. Dafür entstehen neue Erfahrungen im leiblichen Erleben, die einfach verrückt und schön sind. Wir betreten seit 5 Jahren immer wieder Neuland, zumindest Neuland für uns und sind davon auch immer wieder überrascht und begeistert. Langeweile kann dabei im herkömmlichen Sinne wohl kaum entstehen, höchstens tiefe Verwirrung und das ist doch wünschenswert.

Diese neuen Formen der Ekstase werden auch Themen wie Dauer-Orgasmus, Strahlung jenseits des Körpers, aber auch konkrete Aufgaben in der äußeren Welt beinhalten. Berufung, Neuorientierung, lebendiges Sein, so würde ich es nennen. In der Energie des heutigen Tages spürst du sicher auch, dass die hier beschriebenen Inhalte nicht eine neue Spielart der Sexualität sind, sondern eine ganze Lebensphilosophie.

Diese Art der Liebe verlangt absolute Priorität und wir sind bereit, nein wir haben Sehnsucht danach, diese einzuräumen. Der Prozess dazu ist eigendynamisch und bedarf keiner Steuerung durch unseren Verstand. Er entzieht sich sogar gnadenlos jeglicher Beeinflussung.

Wir fordern dich heute auf, dich berühren zu lassen. Wenn du das Bedürfnis hast, die Inhalte noch spürbarer zu machen, deine Fragen dazu konkret zu stellen, egal welches Geschlecht oder welche Ausprägung du erlebst, dann lade uns einfach ein. Veranstalte ein Treffen Interessierter, denn wir wollen die natürliche Liebe weitergeben und vermehren, was darin enthalten ist. Es ist so viel davon da, wie du eben vertragen kannst.

Wir erwarten auch Anregungen, Kontroverses und Diskussionen zu diesem Inhalt und freuen uns auch über jede echte, aus dem Gefühl stammende Rezension zu diesem Buch. Wir wünschen dir jetzt einfach eine schöne Zeit, denn mehr wirst du nicht benötigen, um Liebe ganz neu zu erleben und den Göttern nahe zu sein.

Frank und Kirsten

Wie ich wurde, was ich bin

Frank Reinoss

Jahrgang 1968, war mehr als 12 Jahre in der Leitung eines mittelständischen Unternehmens beschäftigt, dreifacher Familienvater, Berater, Autor, Dozent, Mensch!

Durch eine christliche Erziehung und das Aufwachsen in einer gesicherten und von großer Geborgenheit geprägten Familie entwickelte sich eine berufliche Aufgabe im sozial-medizinischen Bereich. Von einem erfolgreichen Vater, der als Heilpraktiker und engagierter Christ sein Umfeld durch seine Präsenz prägte, entwickelten sich meine Wertvorstellungen. Hierzu gehören ein hohes Maß an Urvertrauen und eine fast unerschütterlich optimistische Einstellung zum Leben.

Während der frühen Aufgabe bei einem Wohlfahrtsverband im Rettungsdienst konnten sich meine Anlagen entfalten. Durch Delegation von Verantwortung der Unternehmensleitung und Begleitung bei der Durchführung dieser Aufgaben, baute ich mein Spektrum an Fähigkeiten und Kenntnissen in den letzten Jahrzehnten kontinuierlich aus. Dabei entwickelte sich durch Zuverlässigkeit, Ehrlichkeit und Kompetenz eine große Akzeptanz in der Umgebung.

Frühzeitig erlernte ich den Umgang mit Moderation als Führungsprinzip und durfte diverse Projekte begleiten. Zu den Fähigkeiten gehören gute betriebswirtschaftliche Kenntnisse in der Wohlfahrtspflege unter den jeweils gesetzlichen Rahmenbedingungen. Seit 2007 habe ich auch die aktive Öffentlichkeitsarbeit mit Vorträgen, Pressearbeit und eigenen Schriften als Kernpunkt einer wirkungsvollen Betriebsführung erlebt.

Darüber hinaus ist es für mich erfreulich, die Entwicklung meiner drei Kinder zu begleiten und mit meinen Lieben an einer stabilen Entfaltung unserer Lebensqualität zu arbeiten. In der langjährigen Unternehmensleitung kennzeichneten mich Teamgeist, Klarheit und ständige Lernbereitschaft. Es gelingt mir schnell, Kontakt zu anderen Menschen aufzubauen, um über tragfähige Beziehungen Fülle ins Leben zu bringen. Meine Vorstellungen werden durch persönliche Kontakte und Literatur ergänzt, um durch Autolyse und lebendige Erfahrung weiter zu reifen.

Seit ich denken kann beschäftige ich mich mit Religion, Philosophie und Energiemedizin und durfte ein umfangreiches Erfahrungswissen sammeln. Alle Methoden wurden praktisch angewendet und integriert. Meine Aufgabe besteht darin, diese verdichteten Erlebnisse in Büchern auszudrücken. Die Wirkung tritt in meinem Leben immer durch pure Präsenz ein. Die Aufgaben ergeben sich oft von ganz allein.

Außerdem durfte ich seit 2007 als integrativer Bestandteil an einem Auflösungsprozess meines bisherigen Seins teilhaben. Ich sammelte direkte Erfahrungen mit den Themen Selbstaufgabe, Transformation und Non-Dualität. Eigentlich widerfuhren mir die Entwicklungen einfach und veränderten mein Sein. Es löste sich teilweise regelrecht auf.

Ich schreibe die Autorenseite etwas umfangreicher, da ich diese Informationen bei Anderen oft schmerzlich vermisste. Meine Bücher fließen direkt aus dem Herzen und enthalten neben der Erfahrung eine Menge Wissen, welches mir ebenso zufiel. Die bewusst einfache Wortwahl integriert dabei das Potenzial verborgen hinter den Zeilen, sodass es die individuellen Anlagen des Lesers berührt.

Bei dieser Berührung wünsche ich tiefe Freude.

Datenliste

Albrecht, Uwe: Inner Wise®
Heilung für alles Lebendige.
Die neue Methode energetischer Heilung verstehen und
lernen. Allegria Taschenbuch 16.04.2012

Baginski Bodo J./Sharamon, Shalila:
EinVerStandensein: Die Erlösung des Schattens.
Der direkte Weg zum Einklang mit deinem inneren Selbst.
Windpferd-Verlag Januar 2004

Cerny, Falko A: [Wirkung]. Ungeahnte Erfolge durch den
umgekehrten Weg. BoD 3. Auflage 2009

Dupree, Ulrich Emil: Hoóponopono.
Das Hawaiianische Vergebungsritual. Schirner Verlag 2013

Eisenschink, Alfred: Die krankmachende Ökofalle in
unseren Häusern. Thomae Verlag November 2004

Fischer, Jürgen: Sexuelle Liebe im JETZT: oder die
zweite sexuelle Revolution. BoD 2. Auflage 2013

Göring L.W./Clausen Holger: Phänomen Leben. Die
Suche nach der Seele hat ein Ende. BoD 20.03.2008

Graichen,Gisela: Das Kultplatzbuch – Ein Führer zu den
alten Opferplätzen, Heiligtümern und Kultstätten in
Deutschland. Bechtermünz Verlag Juni 1999

Greb, Peter: GODO: Mit dem Herzen gehen. Der Gang des
neuen Menschen. KOHA Verlag 01.09.2000

Gronau, Felix: Grenzenlose Erleichterung. Bewusst
glücklich sein. Kamphausen Verlag 15.07.2004

Hartmann, Silvia: EmoTrance. Wie Sie belastende
Emotionen in befreiende Energien umwandeln.
VAK 2004

Hasselmann, Varda/Schmolke, Frank:
Die Archetypen der Seele. Die seelischen Grundmuster –
Eine Anleitung zur Erkundung der Matrix.
Goldmann Arkana 9. Auflage April 2005

Hawley, Jack (Hrsg.): Bhagavad gita. Der Gesang Gottes. Eine zeitgemäße Version für den westlichen Leser. Goldmann 01.10.2002

Kane, Ariel und Shya: Lebe im Augenblick!. Verwandeln statt verändern – Die Erfahrung der Unmittelbaren Transformation. Windpferd Verlag 2. Auflage 2009

Köhne, Peter W.: Phänomen Radionik. Kommunikation mit dem kollektiven Bewusstsein. Radionik Verlag 2008

Long, Barry: Sexuelle Liebe auf göttliche Weise. MB-Verlag 1. Januar 2012

Metzinger, Thomas: Der Ego-Tunnel. Eine neue Philosophie des Selbst. Von der Hirnforschung zur Bewusstseinsethik Taschenbuch, Berlin Verlag 2009

OWK: Erleuchtung. THE ILLUSION IS REAL – THE REAL IS ILLUSION. Ausbruch aus der Matrix. Bohmeier Verlag 01.04.2001

Popp, Andreas: Brot und Spiele. Schadlos durch die Wirtschaftskrise. BoD Oktober 2008

Reich, Wilhelm: Die Funktion des Orgasmus: Die Entdeckung des Orgons. Band 1 Sexualökonomische Grundprobleme der biologischen Energie. Taschenbuch – 1. Januar 1969

Reich, Wilhelm: Christusmord. Die emotionale Pest des Menschen. Zweitausendeins 1997

Richardson, Diana: Zeit für Weiblichkeit: Der tantrische Orgasmus der Frau. Edition Innenwelt 2012

Richardson, Diana/Michael: Zeit für Gefühle. Die Krux mit den Emotionen in der Partnerschaft. Innenwelt 2013

Rosenberg, Marshall B.: Gewaltfreie Kommunikation. Eine Sprache des Lebens. Junfermann 2010

Ruiz, Don Miguel: Die innere Wahrheit. So leben Sie im Einklang mit sich selbst. Allegria 2009

Schnarch, David Morris: Die Psychologie der sexuellen Leidenschaft. Pieper 2009

Sitchin, Zecharia: Der zwölfte Planet. Taschenbuch Droemer Knaur 1995

Stangl, Anton: Das große Pendelbuch. Allegria April 2007

Zaharov, Maxim: Strahlende Finsternis. Broschiert BoD Januar 2010

Filme

Die Prophezeiung der Celestine, DVD

Wenn Träume fliegen lernen, DVD

Der grüne Planet, Coline Serreau, Youtube

Der Butterfly-Effekt, DVD

Mr. Nobody, DVD

Die Brücken am Fluss, DVD

Anekdote zur Senkung der Arbeitsmoral, Youtube

Consciousness – an Animation of Spirit, Youtube

Der Grinch, DVD

Alphabet: Angst oder Liebe? DVD

Matrix Trilogie, DVD

Audio CDs

Young, Thomas: 7 Generationen – Das Tempelritual zur Klärung der Ahnenreihe

Jasmuheen: Tantra. The Secret Love

Baginski Bodo J./Sharamon, Shalila: EinVerStandensein: Einklang mit deinem inneren Selbst

Pur: Hits Pur ...Prinzessin

Internet-Adressen

www.metulem.de

www.frank-reinoss.de

www.helplein.de

www.kirs-design.de

www.innerwise.eu

www.naturkristall.de

www.tachyonen-energie.de

www.taichibeckerwalsrode.de

www.weberbio.de

www.orgon.de

www.mind-shop.de

www.radionics.de

www.avantgarde-med.de

www.metulem.de

Metulem - Lichtbücher

Taschenbuch, ISBN 978-3-7347-7124-8

Arbeitsbuch DIN A4, ISBN 978-3-7347-6132-4

Tantra für Uninteressierte

Wie Liebe dein Leben bewegt

Paperback

ISBN 978-3-8482-0993-4

Weitere Bücher

Der Zwuck Effekt

Einbruch in dein wahres Leben

Paperback

ISBN 978-3-8482-1077-0

Urschmerz der Seele

Entdecke die Welt in dir

Paperback

ISBN 978-3-8482-0995-8

Demenz in ihrer schönsten Form

Von Validation bis Einfach-nur-dasein

Paperback

ISBN 978-3-8482-1313-9

Ich All-Ein

Die Vibration des
Lebendigen

Paperback

ISBN 978-3-8482-1357-3

Das Buch Auflösung

Jetzt im Nichts Ganz Sein

Paperback

ISBN 978-3-8482-0554-7

Stell dir vor, es ist Trisomie und keiner guckt hin

Down-Syndrom im ersten
Lebensjahr

Paperback

ISBN 978-3-8482-0617-9

Dieses Zitat wird im Internet oft Nelson Mandela zugeschrieben als Auszug aus seiner Antrittsrede, die er am 10. Mai 1994 gehalten hatte.

Der Text ist dem Buch "A return to love" ("Rückkehr zur Liebe") von Marianne Williamson entnommen.

Unsere tiefste Angst ist nicht,
daß wir unzulänglich sind,
unsere tiefste Angst ist,
daß wir unermeßlich machtvoll sind.
Es ist unser Licht, das wir fürchten, nicht unsere Dunkelheit.
Wir fragen uns:
"Wer bin ich eigentlich,
daß ich leuchtend, hinreißend, begnadet und phantastisch
sein darf ?"
Wer bist du denn, es nicht zu sein ?
Du bist ein Kind Gottes.
Wenn du dich klein machst,
dient das der Welt nicht.
Es hat nichts mit Erleuchtung zu tun,
wenn du schrumpfst,
damit andere um dich herum sich nicht verunsichert fühlen.
Wir wurden geboren,
um die Herrlichkeit Gottes zu verwirklichen,
die in uns ist.
Sie ist nicht nur in einigen von uns:
Sie ist in jedem Menschen.
Und wenn wir unser eigenes Licht erstrahlen lassen wollen,
geben wir unbewußt anderen Menschen die Erlaubnis,
dasselbe zu tun.
Wenn wir uns von unserer eigenen Angst befreit haben,
wird unsere Gegenwart ohne unser Zutun
andere befreien.